Clemens

Geglück

Das Buch

Was macht ein erfülltes Leben aus? Was wollen wir unseren Kindern auf den Lebensweg mitgeben? Das Leben ist keine Lawine, die über uns hereinbricht und der wir ausgeliefert sind. Wir können unser Leben gestalten: in kleinen Dingen, in großen Dingen. Der renommierte Wissenschaftler Clemens Sedmak hat ein Buch über das »gute Leben« geschrieben mit Blick auf die Menschen, die ihm am Herzen liegen: seine Kinder. Er skizziert die Landschaft, die wir auf der Suche nach einem geglückten Leben betreten. Dazu gehören Lebensmut und Lebenskraft und eine Vision von dem, was gelingendes Leben sein soll. Ein Weg, der sich für jeden Menschen auf je eigene Weise eröffnet.

Der Autor

Clemens Sedmak, geboren 1971, verheiratet und Vater von drei Kindern: Magdalena (*1999), Gabriel (*2002) und Jonathan (*2004). Philosoph und Theologe, Professor am King's College der Universität London, Leiter des Zentrums für Ethik und Armutsforschung der Universität Salzburg und Präsident des internationalen Forschungszentrums für soziale und ethische Fragen in Salzburg.

Inhalt

Vorwort 7

Die Suche nach einem geglückten Leben 9

Ein gestaltetes Leben 37
1. Fehler und Krisen: Die Chance auf einen Neuanfang 39
2. Reinheit des Denkens 47
3. Leidenschaft, Begeisterung und Kraft 51

Ein begnadetes Leben 57
4. Glücklichsein 59
5. Weisheit: Reifen für die Kinder 67
6. Gott: eine unglaubliche Geschichte 73

Ein fruchtbares Leben 81
7. Der Preis der Gleichgültigkeit 83
8. Besondere Bindungen: Die Gabe der Freundschaft 89
9. Gemeinschaft und Menschlichkeit 97

Ein erfülltes Leben 103
10. Leiden 105
11. Tiefe und Bedeutsamkeit 111
12. Endlichkeit und Sterblichkeit 115

Der gute Mensch 123

Vorwort

Kinder lehren viel über die Suche nach einem geglückten Leben, nach einem Leben, in dem man an Menschlichkeit wächst. Wir binden uns an unsere Kinder im Alltag, durch viele kleine Schritte, Tag für Tag. Unmerklich wächst der Zusammenhalt. Und ähnlich verdichtet sich auch die Verantwortung, der Auftrag, Antwort zu geben. Und wenn wir aufgerufen sind, Antwort zu geben, dann fragen wir uns naturgemäß, was von uns erwartet ist, wie ein Vater sein sollte. In Pascal Merciers Roman *Nachtzug nach Lissabon* heißt es an einer Stelle über eine Vater-Sohn-Beziehung: „Er wäre mit seiner Angst vor dem persischen Sandsturm damals gern zu ihm gegangen. Doch so ein Vater war er nicht gewesen." Ein Hauch von Enttäuschung schwingt hier mit.

So fragen wir uns wohl alle: Was für ein Vater, was für eine Mutter, was für eine Freundin, was für ein Freund will ich sein und gewesen sein? Jede Bindung, die wir eingehen, trägt diese Verantwortung an uns heran. Was heißt es, menschenfreundlich und lebensbejahend zu sein?

Dieses kleine Buch will keine Noten im Fach „geglücktes Leben" geben, auch keinen Lehrplan für ein solches Fach entwerfen und schon gar nicht behaupten, der Autor wüsste mehr über den Weg als andere. Dieses Buch erzählt von dem, was ich meinen Kindern ans

Herz legen möchte. Es enthält Landschaftsskizzen, die die Geographie der Suche nach einem geglückten Leben deutlicher machen sollen – in der Hoffnung, dass es sich bei dieser Suche um einen Weg handelt, den jeder Mensch auf seine je eigene Weise verfolgt. So gesehen verbindet uns Menschen diese Suche nach einem Leben, das im Ganzen gesehen glücken möge. Und das ist ermutigend.

Ich widme dieses Buch, wie sollte es anders sein, meinen Kindern: Magdalena, Gabriel und Jonathan.

Die Suche nach einem geglückten Leben

Ganz am Anfang möchte ich etwas über meine Kinder sagen. Das ist gar nicht so einfach. Am Ende ihres berührenden Buches *Es wird mir fehlen, das Leben* steht Ruth Picardie, junge Mutter von Zwillingen, angesichts ihrer unheilbaren Krebserkrankung im Endstadium vor der Aufgabe, einen kurzen Abschiedsbrief an ihre zweijährigen Kinder Joe und Lola zu schreiben. Können wir uns vorstellen, wie schwer diese Aufgabe ist? Ruth schreibt einen Brief für Joe und einen Brief für Lola. Sie schreibt beiden: Du bist das Beste, was mir und Daddy passiert ist. Sie schreibt beiden: Ich werde dich für alle Zeit und länger lieb haben. Ruth spricht auch jedes Kind auf seine Persönlichkeit an. So erfahren wir, dass Joe am Daumen lutscht, gerne auf dem Fahrrad fährt, seine Tiger-Lampe liebt, musikalisch ist, Pferde liebt; wir lesen, dass Lola Marienkäfer und die Farbe Blau liebt, das Einkaufen und ein afrikanisches Wiegenlied. Ruth schreibt beiden Kindern: Dich loszulassen ist das Schlimmste.
Diese kurzen Briefe scheinen schier unausschöpfbar. Leben ist das Beste, was in unserem Leben passieren kann. Leben in Freundschaft, Leben in Partnerschaft, neues Leben in Kindern. Kinder sind eigenständig, haben von Anfang an Charakterzüge und Vorlieben, sind nach dem bekannten Wort „Gäste, die nach dem Weg fragen", aber doch viel mehr, Stück von uns selbst, auch unsere Gastgeber im Haus des Lebens, in diesem

Haus, in dem wir uns trotz aller Stürme und Unwetter einzurichten suchen.

Meine Kinder sind jetzt sieben, viereinhalb und eineinhalb Jahre alt. Magdalena weiß, was sie will, Gabriel ist gerne ein Clown, Jonathan will überall dabei sein. Magdalena sagte als kleines Kind „alleine nur", wenn man ihr helfen wollte, Gabriel bemerkte angesichts des Vorwurfs, frech gewesen zu sein: „Ich bin nicht frech, ich bin witzig", Jonathans Wortschatz beschränkt sich auf elementare Dinge wie „Mama, Papa, Traktor". Es sind wunderbare Kinder, die gerade deswegen auf den Nerven ihrer Eltern herumspazieren, selbstständig, unberechenbar und als Trio eine explosive Mischung. Sie sind entscheidender Teil dessen, was das Leben ihrer Eltern zu einem geglückten Leben machen könnte. Die Beziehung zu den Kindern und die Entwicklung der Kinder sind ein unverzichtbarer Bestandteil meiner Suche nach einem geglückten Leben. Mein Leben hängt mit dem Leben meiner Kinder so sehr zusammen, dass die Frage nach einem gelungenen Leben die Kinder in zentraler Weise einschließt. Was würde ich meinen Kindern sagen, wenn ich mich von ihnen verabschieden müsste? Nicht auszudenken. Vater sein ist keine Rolle, die man ablegen könnte, keine Aufgabe, von der man zurücktreten kann wie von einem Amt. Wir könnten Ruth Picardie so verstehen, dass sie uns nahelegt – sag deinem Kind: Du bist das Beste, was mir passiert ist. Ich werde dich für alle Zeit (und länger!) lieb haben.

Wenn ich mir das vor Augen halte, wenn ich mir überlege, was mir meine Kinder bedeuten, wenn ich mir auszumalen versuchte, was ein Abschied von meinen Kindern bedeuten würde, so geschieht in mir dreierlei: Ich schäme mich ein wenig für die bisherige Prioritätensetzung in meinem Leben, ich erahne die Größe der Verantwortung, gerade auch der Verantwortung für mich selbst angesichts der Kinder, und ich erahne, worum es eigentlich im Leben geht. Würden Sie in einem Abschiedsbrief an Ihre kleinen Kinder festhalten, wie viel Geld Sie dem Kind vererben werden? Wohl kaum. Würden Sie dem Kind erzählen wollen, was Sie alles in Ihrem Beruf geleistet haben? Sicherlich nicht. Wir wenden uns den Kindern zu, ohne uns hinter einer Fassade verstecken zu können, einer Fassade des Erfolgs oder einer Fassade des Reichtums. Sie können Kindern gegenüber nicht tagein, tagaus Theater spielen. Ich will möglichst ehrlich in diesem Buch über das geglückte Leben nachdenken, meine Kinder vor Augen. Es ist meine auch philosophische Überzeugung, dass solches Nachdenken an Tiefe gewinnt, wenn es sich an meine Kinder richtet und doch weiß, dass das Wichtigste, das ich meinen Kindern sagen kann, die schlichten Wahrheiten sind: Ihr seid das Beste, was mir passiert ist. Ich werde euch für alle Zeit und länger lieb haben.

Rezepte der Sehnsucht

Wir sehnen uns nach einem guten und richtigen, glücklichen und gelingenden Leben. Diese Sehnsucht drückt sich in mannigfaltiger Gestalt aus, im Kaufen und Reisen, im Lesen und Lernen, im Kämpfen und Ringen. Diese Sehnsucht kann zu einer Verkrampfung führen, die uns Rezepte suchen lässt, gleichsam Kochbücher für ein geglücktes Leben. Wir finden eine Reihe von Büchern, in denen „Zutaten" für und „Geheimwissen um" ein geglücktes Leben angekündigt werden und wir ertappen uns immer wieder dabei, dass wir schwere Gewichte stemmen, das schwere Gewicht eines Lebens, das glücken soll. Zwei Einsichten können hier Erleichterung geben: zum einen die Einsicht, dass geglücktes Leben als je eigenes nicht mit allgemeinen Rezepten und Ratschlägen erkauft oder „erkocht" werden kann. Die Suche nach einem geglückten Leben ist nicht die Suche nach den Zutaten für einen Zaubertrank, der dann allen Menschen, die danach fragen, verabreicht werden könnte. Diese Suche ist eine persönliche Suche und damit auch eine Suche, die nach innen geht, nicht nach außen führt. Zum anderen hilft die Einsicht, dass geglücktes Leben im Einklang mit der eigenen Persönlichkeit steht und von da aus auch eine Leichtigkeit hat und kraftvoll ist. Denn das Eigene zu tun gibt Kraft.

In diesem Buch will ich keine Rezepte verkaufen und keine Strategien bewerben. Die Frage nach einem geglückten Leben ist kein Problem, das gelöst werden kann, wie man ein Kreuzworträtsel löst. Die Frage nach einem geglückten Leben ist keine Managementfrage, die mit Technik und Taktik zu bewältigen wäre. Unser Leben ist weder eine feindliche Festung, die erstürmt werden müsste, noch ein Stück Stein, das behauen werden will. Unser Leben ist das, was wir sind (und damit keine ferne, fremde Burg) und es ist das, was wir sein wollen und sein sollen (und damit kein von uns unabhängiges Stück

Materie). Wir können also über unser Leben nicht so nachdenken, als würde es sich um ein Gewächs handeln, das wir mit uns herumtragen. Wenn wir jemanden nach seinem Leben fragen, so wird er nicht sagen: „Das ist meine Familie und das ist meine Religionsgemeinschaft und das ist mein Beruf und das sind meine Freunde – und dort ist mein Leben." Wir begehen gerne das, was man einen „Kategorienfehler" nennt, wenn wir die Frage nach dem geglückten Leben als eine weitere Frage betrachten, die zu den Fragen nach der Rechtfertigung von Krieg, Euthanasie und Todesstrafe, den Fragen nach der Sittlichkeit von Wirtschaftsform und Steuersystem, den Fragen nach Tugenden und Vorbildern moralischen Lebens hinzukommen würde. Nein, all diese Fragen hängen mit der Frage nach dem geglückten Leben zusammen und unsere Antworten auf diese Fragen sind Teil unserer Antworten auf die Frage nach einem geglückten Leben. Die Frage nach einem geglückten Leben ist also keine weitere Frage, die zu den klassischen Fragen „Was können wir wissen, was dürfen wir hoffen, was sollen wir tun?" hinzukommen würde.

Das bedeutet, dass die Frage nach einem geglückten Leben eine Frage ist, die das Ganze des menschlichen Lebens in den Blick nehmen lässt. Die Hinweise, die wir zusammentragen können, sind angesichts der Weite und Tiefe des menschlichen Lebens als Angabe von Fragerichtungen zu verstehen, nicht als Antworten auf Fragen, die nach der Beantwortung verschwinden würden. Die Frage nach dem geglückten Leben ist eine praktische Aufgabe, die nicht zu einem bestimmten Zeitpunkt abgehakt werden kann, nicht eine Frage, die beantwortet und zum Stapel erledigter Angelegenheiten hinzugefügt werden könnte. Deswegen lernen wir am meisten über das geglückte Leben aus den Beispielen gelingenden menschlichen Daseins, die Leben in seiner Vielschichtigkeit und Unausschöpfbarkeit nahe bringen, und nicht aus theoretischen Betrachtungen, auch wenn die Beispiele und Geschichten auf die Reflexionen verweisen und umgekehrt. Auf den Punkt gebracht: Wir lernen mehr über das geglückte Leben aus dem Leben der Mutter Teresa als aus dem berühmten Werk der *Nikomachischen Ethik* des Aristoteles. Und dennoch können wir Aristoteles im Lichte des Lebens von Mutter Teresa besser verstehen und Mutter Teresas Leben klarer wertschätzen im Lichte des Aristoteles. Noch einmal auf den Punkt gebracht: Aristoteles' Buch ohne Mutter Teresas Leben ist dünn, die Betrachtung von Mutter Teresas Leben ohne Aristoteles' Werk ist seicht. Diese beiden Dimensionen will ich in leserfreundlicher Form zusammenbringen.

Für meine Kinder
In diesem Buch wende ich mich an meine Kinder, weil ich ihnen etwas ans Herz legen möchte. Ich schreibe dieses Buch in einer schwierigen Zeit, in einer Zeit, in der ich mich anstrenge, damit fertig zu werden, dass ich einen schweren Fehler gemacht habe. Ich habe einen familienfreundlichen Platz aufgegeben und eine Stelle in London angenommen und bereue diesen Schritt nun tief. Natürlich gibt es Gründe für diesen Schritt; aber diese Gründe ändern nichts daran, dass ich an der alten

Stelle gescheitert bin. Ich will kein Drama daraus machen und auch nicht aus dieser Erfahrung möglichst viel herausmelken, was sich für erbauliche Betrachtungen nutzen ließe. Ich will schlicht und ehrlich sein.

Angesichts meines Fehlers, dessen Konsequenzen immer deutlicher zutage treten und der, so gesehen, immer größer wird, denke ich über das Gelingen des Lebens nach. Es fällt mir schwer, dies zu tun, weil ich bei der Entscheidung, nach London zu gehen, viele jener Punkte missachtet habe, auf die es meiner Ansicht nach im Leben ankommt. Noch nie war das Gewicht eines Fehlers so drückend. Mehr denn je bin ich unsicher, wie mein Leben ausgehen wird. In ungeahnter Deutlichkeit zeigt sich die Kluft zwischen dem, was wir als wichtig bekunden, und dem, was wir als relevant in unseren tatsächlichen Entscheidungen berücksichtigen. Deswegen warne ich davor, aufgrund meines eigenen Beispiels, gute Ratschläge für ein gelingendes Leben ohne den Lackmustest gelebten Lebens anzunehmen. Viele der Gedanken in diesem Buch habe ich im letzten Jahr erlitten. Das macht sie nicht wahr oder tief, gibt ihnen aber eine gewisse Authentizität. Das soll man schließlich von einem Nachdenken über das geglückte Leben verlangen können: dass es redlich sei.

Das Projekt, in dieser Situation ein Buch für meine Kinder zu schreiben, ist viel sagend: Es bringt zum Ausdruck, dass es entscheidend ist, über das Leben als Ganzes nachzudenken. Es ist ein Nachdenken nicht aus der sicheren Perspektive eines Menschen, der seine

Schäfchen ins Trockene gebracht hat und im Modus subtiler Selbstgefälligkeit, wie sie manchen Lebensrückblicken eigen ist, über das menschliche Leben im Allgemeinen am Beispiel des eigenen Lebens nachdenkt. Meine Perspektive ist weder diejenige eines Menschen, der ein geglücktes Leben zu haben beansprucht, noch diejenige dessen, der zwar eingesteht, einen Fehler gemacht zu haben, aber immer noch beansprucht zu wissen, was geglücktes Leben ausmache. Dieses Buch ist viel bescheidener. Ich will, meine Kinder vor Augen, von dem erzählen, worauf es nach meinem Dafürhalten im Leben ankommt.

Ethik ist das Nachdenken über das Gute. Dazu drei Lektionen: Erstens ist es entscheidend, nicht nur Fragen von der Art zu stellen, ob eine bestimmte Handlung gut ist, sondern den Blick auf das Leben als Ganzes zu richten und von da aus die Frage nach Güte, Gelingen und Glücken zu stellen. Denn ob eine Handlung gut ist, hängt davon ab, welche Auffassung ich vom geglückten und guten Leben habe.

Zweitens ist es angemessen, über eine Ethik des Lebens mit Blick auf persönliche Adressaten zu reden, mit Blick auf Menschen, die mir am Herzen liegen und viel bedeuten. Das macht dieses Nachdenken zu einem ernsthaften und engagierten. Eine „Ethik für meine Kinder" sieht anders aus als eine „Ethik für meine Kolleginnen und Kollegen", nicht weil hier Widersprüche entstehen sollten, sondern weil die Art der Bindung und die Weise der Akzentsetzung anders sind. In einem Kinderbuch, das ich vor Jahren gelesen habe, macht ein Kind die

Entdeckung, dass sein Vater mit den Menschen verschieden umgeht – mit Patienten anders als mit Kollegen, mit der Mutter anders als mit dem Freund, mit dem Briefträger anders als mit dem Steuerberater. Das ist zugegebenermaßen trivial, aber für eine Ethik doch viel sagend: Es macht einen Unterschied, wen ich vor Augen habe, wenn ich nachdenke. Umberto Eco hat davon gesprochen, dass wir einen „Modell-Leser" vor Augen haben, wenn wir ein Buch schreiben, also einen idealisierten Leser, und dieser Modell-Leser entscheidet darüber, was wir als wichtig, was wir als selbstverständlich, was wir als erläuterungs- und rechtfertigungsbedürftig ansehen. Ein Buch kann geradezu als Brief an den Modelleser aufgefasst werden. Die Art der Beziehung zum Empfänger eines Briefes prägt den Brief. Wenn ich dem Briefempfänger tief verbunden bin, werde ich einerseits besondere Achtsamkeit und Vorsicht, andererseits auch besondere Leichtigkeit und Vertrautheit walten lassen. Eine Ethik des geglückten Lebens kann aufgrund der angedeuteten Verbindung von Denken und Tun nicht darauf verzichten, auf ein Gegenüber ausgerichtet zu sein. Sie wird nicht in den leeren Raum hineingedacht, sondern auf ein „Du" hin. Dadurch steigt auch die Verantwortung des Autors. Plato hatte seinerzeit die Einführung der Schrift beklagt, weil der Autor – im Unterschied zur gesprochenen Rede – nicht direkt belangt werden und sich aus seiner Verantwortung stehlen könnte. Ein Nachdenken über geglücktes Leben findet, so könnten wir sagen, unter verschärften Anforderungen an Verantwortung statt. In diesem Sinne wende ich mich in diesem Buch an meine Kinder, will ihnen das ans Herz legen, was zählt.

Drittens ist es bedeutsam, dass ich über das Leben von einer ganz bestimmten Perspektive nachdenke, es gibt hier weder einen neutralen noch einen fehlerlosen Standpunkt. Ich denke über das Leben nach mit den Erfahrungen, die ich gemacht habe. Das bringt in dieses Unternehmen eine gewisse Vorläufigkeit, die Teil des Ganzen bleibt. Gleichzeitig kommt ein bekenntnishaftes Moment ins Spiel – ein Bekenntnis zur Verbundenheit an die Adressaten der Überlegungen, ein Bekenntnis nicht nur zur eigenen prinzipiellen Irrtumsfähigkeit, sondern zum eigenen Verfehlen und ein Bekenntnis zu den besonderen und damit auch begrenzten und verzerrenden Lebenserfahrungen, die diesen Blick auf das Leben als Ganzes geprägt haben.

Die Kunst des Fragens
Teil eines geglückten Lebens könnte es sein, die wichtigen Fragen zu stellen – etwa die Frage nach dem geglückten Leben. Fragen sind eines der wichtigsten Güter in der Philosophie. Es kommt in der Philosophie nicht darauf an, die Antworten leichter und handlicher zu machen, sondern die Fragen schwerer und anspruchsvoller. Wir könnten drei Arten von Fragen unterscheiden: Zunächst gibt es Fragen, auf die es eine Lösung oder Antwort gibt, die diese Frage zum Verschwinden bringt. Wenn wir uns etwa – eine sinnvolle Frage im Mozartjahr 2006 – fragen, wann Mozart geboren wurde, und wir herausfinden, dass

es sich um den 27. Jänner 1756 handelt, so hat sich die Frage nach Mozarts Geburtstag erledigt. Die Frage ist keine Frage mehr. Wir könnten solche Fragen als „abschließbare Fragen" bezeichnen. Anders verhält es sich bei Fragen, auf die es keine Antwort gibt, die diese Frage zum Verschwinden bringt. Die Frage nach der Zulässigkeit der Todesstrafe etwa ist eine „offene Frage", auf die es zwar Antworten gibt, aber auch angesichts dieser Antworten bleibt uns die Frage aufgegeben. Ethische Fragen sind in der Regel solche offene Fragen, die angemessene Antworten erfahren können, wobei es jeweils ernsthafte Alternativen zu einer bestimmten angemessenen Antwort gibt und die Standards der Angemessenheit einer Antwort sich im Laufe der Zeit ändern können. Denken wir etwa an die Frage nach der Vertretbarkeit des Schächtens – was in bestimmten Kulturen zu einer bestimmten Zeit für akzeptabel galt, kann sich in einem anderen Zusammenhang als unannehmbar herausstellen. Schließlich gibt es neben abschließbaren und offenen Fragen noch Fragen, die auf etwas bleibend Verborgenes und Unverstehbares hinzielen. Solche Fragen bringen, um eine Unterscheidung von Gabriel Marcel aufzunehmen, nicht ein „Problem", sondern ein „Mysterium" zum Ausdruck. Die Frage nach dem Sinn des menschlichen Lebens, die Frage nach einem Leben nach dem Tod, die Frage nach der Gegenwart Gottes im Leiden oder angesichts des Leidens sind Beispiele für solche „Fragen nach einem Mysterium", nach einem bleibenden Geheimnis, das nicht entschlüsselt werden kann. Wir könnten solche Fragen als „tiefe Fragen" bezeichnen, um anzudeuten, dass wir hier ein Moment des Unausschöpfbaren und ein Moment des Unverstehbaren vorfinden.

Die Frage nach dem geglückten Leben ist eine eigenartige Frage. Zum einen zeigt sie sich in manchen unabschließbaren Fragen, die auf bestimmte eingrenzbare sittliche Herausforderungen weisen. Zum anderen rührt sie an Mysterien, an das Geheimnis des menschlichen Lebens mit den Fragen nach Sinn, Glück, Erfüllung, an das Geheimnis von Menschsein und Menschlichkeit, an das Geheimnis einer Ordnung, in die individuelles Leben eingebettet ist. Diese eigenartige Verortung der Frage nach dem geglückten Leben hat zwei Konsequenzen: Wir werden mit Fragen konfrontiert, die durch unsere Antwortversuche nicht verschwinden, und wir müssen die Begrenztheit jedes Antwortversuchs, der die Dimension des Unverstehbaren nicht abbauen kann, anerkennen. Daraus ergibt sich der Aufruf zu besonderer Behutsamkeit im Umgang mit der Frage nach dem geglückten Leben.

Versuchen wir einmal, die Frage zu stellen: Was macht ein geglücktes Leben aus? Die Frage sieht „groß" aus, unübersichtlich. Vielleicht sollten wir besser kleiner anfangen und zunächst die Frage nach dem geglückten Tag stellen. Peter Handke hat in seinem lesenswerten Essay *Versuch über den geglückten Tag* diese Frage gestellt. Was macht einen Tag zu einem geglückten Tag? Wir alle kennen (hoffentlich) Tage, an denen wir abends dankbar auf den Tag zurückblicken, an denen wir mit dem vergangenen Tag „im Reinen" sind, an denen wir uns, mit dem Erfahrenen und Erlebten versöhnt, zur Ruhe begeben können. Ist ein geglückter Tag ein sorgloser Tag? Oder ein Tag, an dem alles gelingt? Mit Gelingen und dem Erfüllen von Erwartungen, vielleicht sogar Hoffnungen, hat ein solcher Tag sicherlich zu tun; aber jedenfalls auch mit einem Moment des Überraschenden, des Zufälligen, des Sich-Begebens und Sich-Ereignens. Ein geglückter Tag hängt, so scheint es, weniger von äußeren Umständen, als vielmehr von inneren Einstellungen ab. Imre Kertész hat in seinem *Roman eines Schicksallosen* den kühnen Gedanken zu bearbeiten versucht, dass es auch in einem Konzentrationslager Momente des Glücks – vielleicht sogar geglückte Tage? – geben könne. Ein geglückter Tag hängt unbezweifelbar auch von uns ab, von unseren Entscheidungen und unseren Handlungen, mehr noch von unseren Einstellungen und Bewertungen. Aber das allein scheint nicht genug. Ein geglückter Tag ist ein Tag, an dem wir Grund zur Dankbarkeit haben für das, was außerhalb unserer Kontrolle liegt, und es wäre ein Hohn, Menschen einreden zu wollen, dass man mit der rechten inneren Einstellung „alles" kontrollieren könne. Ein geglückter Tag weist ein Moment des Gnadenhaften auf, das auch durch kleine Momente konstituiert werden kann, einen Anruf, eine Begegnung auf der Straße. Der Tag, an dem ich mich verliebe, ist ein geglückter Tag. Der Tag, an dem mir etwas gelingt, das ich mir selbst nicht zugetraut habe, ist ein geglückter Tag. Der Tag, an dem Schweres mit Leichtigkeit getan wird, ist ein geglückter Tag. Oder jeweils treffender gesagt, ... kann ein geglückter Tag sein. Denn es gilt doch auch der Satz, dass dem Reinen alles rein ist – und nur dem Reinen – und dass manche Menschen sich nicht in ein Beglücktwerden fallen lassen können. Jedenfalls ist die Frage nach einem geglückten Tag und danach, was einen solchen ausmacht, eine gute Übung auf dem Weg zur Frage nach dem geglückten Leben. Festhalten könnten wir, dass ein geglückter Tag nicht „leer" sein darf, sondern eine gewisse Fülle aufweisen muss, dass ein geglückter Tag mit Geben und Empfangen, Gestalten und Beschenktwerden zu tun hat, vielleicht auch mit einem Gewahrwerden von Bedeutsamkeit und Tiefe, wie das dem Verlieben, der Begegnung mit einem sterbenden Menschen, der Pflege von Freundschaft, der Begegnung mit menschlicher Größe innewohnt.

Ein geglücktes Leben weiß um geglückte Tage. Ein geglücktes Leben hat wohl auch damit zu tun, einen Tag nach dem anderen zu leben, jeden Tag zu füllen und zu ehren, jeden Tag in gewissem Sinne als einen „ersten Tag" und einen „letzten Tag" zu leben und an jedem Tag um Wachstum und Reifung zu ringen. Dennoch verlangt die Frage nach einem geglückten Leben den Blick auf das Leben als Ganzes. Dieser Blick fällt schwer, tritt uns das Leben doch nicht als Ganzes gegenüber, weil wir stets „inmitten" des Lebens sind. Was uns hier weiterhelfen kann, sind Bilder für das Leben, die wir in der Geistesgeschichte finden. Ein Bild lässt tief blicken, kann immer wieder neue Aspekte zutage bringen und gibt vor allem Anhaltspunkte für Fragen an die Hand. Es ist eine gute Übung, wenn man der Frage nach dem geglückten Tag auf der Spur ist, sich Bilder für das Leben als Ganzes zu suchen und daran Fragen anzuschließen.

Denken wir etwa an das Bild des Lebenshauses. Dieses Bild besagt: Das Leben ist wie ein Haus, an dem wir bauen, ein Haus mit Fundament und festen Mauern, ein Haus, in dem Menschen ein- und ausgehen, ein Haus, das wir einrichten. Was sammelt sich alles in unserem Haus an im Laufe eines Lebens! Nach welchen Plänen errichten wir unser Haus? Wer hilft bei der Konstruktion? Sind wir in unserem Leben nur mit dem Hausbau beschäftigt oder können wir auch wohnen? Wie es verschiedene Stile in der Architektur gibt, so gibt es verschiedene Lebensstile – wie lassen sie sich unterscheiden, wie kann man sie charakterisieren? Mit Blick auf das Bild des Lebenshauses können wir viele Fragen stellen, die Frage nach Anfang und Ende des Baus zum Beispiel. Hat jemand, der „mitten aus dem Leben" gerissen wurde, ein halb fertiges Haus hinterlassen? Ist es überhaupt möglich, sein Lebenshaus fertig zu stellen? Legt man dann den Hammer aus der Hand und setzt sich zur Ruhe? Wir könnten uns fragen, mit welchem Werkzeug und aus welchem Material wir unser Lebenshaus bauen, womit und wie wir unsere Zimmer einrichten. Es ist eine bekannte Übung der antiken Gedächtniskunst, sich Lerninhalte in Form eines bunt bestückten Zimmers abrufbar im Gedächtnis zu halten. Was findet sich in den Zimmern unseres Haus vor? – Jede Erfahrung wird hier als ein Erinnerungsstück zu finden sein! Nicht von ungefähr hat Karl Rahner von der „Rumpelkammer" gesprochen, die unser Herz darstellt, in dem sich so vieles findet und schwerlich Ordnung zu erkennen ist.

Welche Hinweise gibt uns das Bild des Lebenshauses für die Frage nach einem geglückten Leben? Hier lässt sich vieles anführen. Jedes Lebenshaus ist eigen, und es gibt viele verschiedene Formen, Farben und Stile, mit denen Menschen an ihrem Lebensglück bauen. Die Frage nach dem geglückten Leben wird also nicht mit dem Hinweis auf eine bestimmte Lebensform abgetan werden können. Ein Haus ist dann ein gelungenes Werk, wenn man darin wohnen kann, wenn ein Haus zur Heimat, zu einem Ort des Wachstums werden kann. Ein Haus ist dann gelungen, wenn es geeignet ist, Menschen aufzunehmen, und Menschen auch gerne in das Haus kommen und sich hier aufhalten. Ein Haus ist gelungen, wenn es Zuflucht vor den Elementen bietet und vor Hitze und Kälte, vor Regen, Schnee und Hagel, vor Sturm und Gewitter schützt. Ein Haus ist gelungen, wenn es nicht zu heftig Lärm und Staub ausgesetzt ist oder gar Anfeindungen von wenig wohlwollenden Nachbarn. Ein Haus ist gut geworden, wenn es hält, wenn sich nicht nach der ersten Erschütterung Sprünge zeigen, wenn es nicht reparaturanfällig ist. Ein Haus ist gut erhalten, wenn es gepflegt und bewohnt, achtsam behandelt und mit Fachkenntnis betreut wird. Sagen all diese Dinge zusammen nicht viel über ein geglücktes Leben aus? Und wenn dann noch der Hinweis dazu kommt, dass wir nur Gäste sind im Haus unseres Lebens, das wir nicht für immer behalten können, so kommt eine wichtige Dimension dazu, die allen anderen Aspekten Tiefe verleiht.

Ähnlich bekannt sind das Bild des Teppichs, an dem wir ein Leben lang knüpfen, das Bild der Lebensreise, die uns durch viele Landschaften und Witterungsverhältnisse führt, das Bild des Lebensbaumes, der organisch und leise wächst, oder auch das Bild des Lebensbuches, an dem wir schreiben, Tag für Tag, Seite für Seite. Wir könnten uns das Leben als eine Schule denken, als ein Spiel oder als ein Musikstück oder Konzert. Alle diese Bilder können uns Hinweise für die Frage nach einem geglückten Leben geben: Was macht einen schönen Teppich aus? Was kennzeichnet eine gelungene Reise? Wie lässt sich ein gut gewachsener Baum beschreiben? Wie macht man das Beste aus der Schulzeit? Was ist ausschlaggebend dafür, dass man ein Spiel empfehlen kann und gerne spielt? Was sind Merkmale eines gelungenen Konzerts? Mit Hilfe dieser Bilder und solcher Fragen könnten wir der Frage nach dem geglückten Leben Kontur verleihen. Versuchen wir nun, im Sinne eines Angebots und Vorschlags, mit vier einfachen Merkmalen dem Begriff eines geglückten Lebens Kontur zu verleihen.

Vier Merkmale
Ein geglücktes Leben könnte charakterisiert werden als ein gestaltetes, begnadetes, erfülltes und fruchtbares Leben. Sehen wir uns diese vier Eigenschaften an:
Ein gestaltetes Leben ist ein Leben, das man durch Entscheidungen und Handlungen geformt hat. Es gehört zu einem geglückten Leben, das Dasein auch in die Hand zu nehmen und ihm eine Gestalt zu geben. Dazu gehört ein gewisser Mut, denn jemand, der handelt, geht ein Risiko ein, das Risiko, in die Irre zu gehen und Fehler

zu machen. Zur Gestaltung des Lebens gehört die Kraft, einen Weg auch angesichts von Widerständen zu gehen. Zur Gestaltung des Lebens gehört die Klugheit, angemessene Entscheidungen zu treffen, und zwar so, dass die Fähigkeit, Entscheidungen zu treffen, erhalten bleibt. Der kluge Mensch gestaltet sein Leben so, dass er weiterhin das Steuerrad in der Hand hat und nicht ein Spiel von Kräften wird, die er nicht kontrollieren kann. Man könnte dies mit der Mahnung ausdrücken: Entscheide dich so, dass du weiterhin entscheidungsfähig bleibst! Eine kluge Entscheidung engt den Spielraum nicht ein, sondern macht ihn weiter, gerade in jenen Dimensionen, die wesentlich sind.

Eine Entscheidung für eine Partnerin oder einen Partner bedeutet zwar auch eine Einschränkung insofern, als bei Entscheidungen eine zweite Stimme zu berücksichtigen ist. Andererseits bedeutet eine Bindung in einer Partnerschaft aber eine Eröffnung von Weite und Wachstumsräumen, von Erfahrungshorizonten und Handlungszusammenhängen, die vorher nicht bestanden haben, aber wesentlich zur Ermöglichung von persönlichem Reifen und Freiwerden beitragen. Die Entscheidung für Kinder, gerade weil wir uns für eine Lebensform entscheiden, in der wir so vieles nicht mehr in der Hand haben, ist eine weitere solche Entscheidung für persönliches Wachstum durch die Entscheidung für ein Gegenüber, das nicht nur reagiert, sondern in unberechenbarer Weise antwortet und uns dadurch herausfordert, in eine Freiheit der Antwort und Verantwortung hineinfordert. Ein geglücktes Leben ist also gestaltet, spiegelt Entscheidungen wider, die wir getroffen haben, die wir zu verantworten haben. Eine Entscheidung zu verantworten heißt, den Preis zu zahlen, der für diese Entscheidung zu entrichten ist. Das ist ein entscheidender Teil von Reife – anzuerkennen, dass mit jeder Entscheidung Konsequenzen verbunden sind, die getragen werden müssen. Die Werbung mag uns vorgaukeln, dass wir Entscheidungen ohne Kosten und Folgen treffen können, was Konsumentinnen und Konsumenten mit Kindern gleichsetzt. Wir müssen aber zur Kenntnis nehmen, dass eine Entscheidung nicht nur eine Tür öffnet, sondern gleichzeitig andere Türen schließt und dass das Öffnen einer Tür nicht mehr rückgängig gemacht werden kann und daher mit Konsequenzen beladen ist. Ein geglücktes Leben als gestaltetes Dasein ist mit einem Weg zu vergleichen, der Schritt für Schritt konsequent gegangen wird.

Ein geglücktes Leben ist zweitens ein begnadetes Leben, ein Leben, in dem sich Spuren von Gnade finden. Der Begriff der Gnade ist ein religiöser Begriff, der ausdrückt, dass vieles von dem, worauf es im Leben ankommt, nicht in unserem Ermessen liegt. Manches fällt zu, vieles fügt sich. Es wäre vermessen, das eigene Leben als Summe eigenen Mühens und Leistens begreifen zu wollen. So vieles hängt nicht von uns ab. Zur rechten Zeit am rechten Ort zu sein ist keine Kunst, die man lernen kann. Auch nichtreligiöse Menschen werden eingestehen, dass wir vieles nicht in der Hand haben, dass ein geglücktes Leben auf Gnade angewiesen ist, auf ein Sich-Wenden und Sich-Ergeben. Es war nicht zuletzt dieses Eingeständnis, das Adam Smith dazu gebracht hat, von einer „unsichtbaren Hand" zu sprechen, welche die wirtschaftlichen Abläufe steuert. Manche sprechen vom „unabdingbaren Quäntchen Glück", andere von „prägenden Momenten", viele von „Fügung" – diese Wendungen bringen die Einsicht zum Ausdruck, dass das menschliche Leben nicht nur aus Entscheiden, Geben und Tun besteht, sondern auch aus einem Widerfahren, einem Erfahren und einem Empfangen. Wenn man diesen Gedanken ernst nimmt, so hat das bestimmte Auswirkungen auf die Ethik. Traditionellerweise steht bei der Ethik die Frage nach dem rechten Tun, dem angemessenen Handeln im Vordergrund. Gegenstand ethischer Überlegungen ist in erster Linie das aktive Gestalten. Ethisches Nachdenken, das das Moment des Gnadenhaften im menschlichen Leben ernst nimmt, wird die traditionelle Ethik um eine Ethik des Schicksalhaften, eine Ethik des Erleidens und Zustoßens, des Erfahrens und Erduldens ergänzen. Hier haben wir es dann nicht nur mit der rechten Handlungsfähigkeit, sondern auch mit der rechten Leidensfähigkeit zu tun. Wir haben es hier mit der Fähigkeit zu tun, mit dem Überraschenden und Unberechenbaren im Leben umgehen zu können, mit der Fähigkeit, annehmen und zulassen zu können. Zur Kultivierung dieser Fähigkeit bedarf es der Dankbarkeit und des Vertrauens. Dankbarkeit ist die Einsicht in den Wert von etwas Geschenktem und in den Umstand, dass das Geschenkte nicht erarbeitet und verdient worden ist. Nach Seneca ist es gerade der weise Mensch, der dankbar sein kann, weil er den Wert der Dinge einschätzen kann und weiß, dass kein Moment des Lebens selbstverständlich ist. Die Fähigkeit, mit dem Gnadenhaften im menschlichen Leben umzugehen, verlangt auch nach Vertrauen – Vertrauen in die Menschen, die mir Wichtiges geben und sich mir schenken, Vertrauen in das Leben, das Wendungen nimmt, mit denen ich nicht gerechnet hätte. Zugleich erklingt hier der Ruf nach Bescheidenheit, der Bescheidenheit nämlich, dass ich mein Leben nicht so einrichten kann, dass das Unberechenbare ausgeschaltet werden kann. Ein Mensch, der dies ernst nimmt, wird nicht vermessen auf dem Standpunkt stehen, dass sich ein geglücktes Leben eigener Leistung verdankt und gleichsam als verdienter Lohn für eigene Arbeit geerntet wird. Ein geglücktes Leben weiß um Zusammenhänge, die die individuelle Gestaltungskraft übersteigen.

Drittens ist ein geglücktes Leben ein fruchtbares Leben, ein Leben, das über sich hinausstrahlt und bleibende Wirkung erzeugt. Im Evangelium und in vielen Texten nichtchristlicher Religionen ist die Rede davon, dass man einen Menschen an seinen Früchten erkennt, daran, was dieser Mensch hervorbringt. Ein geglücktes Leben strahlt über sich hinaus, berührt andere, erweitert den Kreis dessen, was als wesentlich zum Leben gehörig anerkannt ist. Die Früchte eines Lebens müssen weder zu Lebzeiten ersichtlich sein noch eine Breitenwirkung haben. Charles de Foucauld war es etwa nicht vergönnt, seine Sehnsucht nach einer Gemeinschaft zu Lebzeiten zu stillen. Die von ihm inspirierte Gemeinschaft der Kleinen Brüder und Schwestern bildete sich erst Jahre nach seinem Tod. Die Früchte eines Lebens lassen sich nicht messen; sie lassen sich ermessen, und zwar gerade am Zeugnis des Lebens derjenigen, die durch das Leben eines Menschen berührt wurden, mit diesem Menschen in Berührung gekommen sind. Jede Begegnung gibt ein Versprechen ab, ein Versprechen in Bezug auf künftige Begegnungen. Mit jeder Handlung mache ich eine Aussage über mich selbst. So fallen die Samen, die wir säen, auf verschiedenen Grund und gehen auf je eigene Weise auf. Der simpel anmutende Rat von Mutter Teresa: „Lass nicht zu, dass ein Mensch nach einer Begegnung mit dir nicht glücklicher ist als zuvor", sagt viel über die Tiefe aus, die unser Leben kennzeichnet. Jede Begegnung ist ein Moment des Aussäens und gleichzeitig des Erntens von Früchten bisheriger Erfahrungen und Begegnungen. Ein Leben ist fruchtbar, wenn es Bindungen einzugehen bereit ist und damit über sich hinaus wirkt, wenn es anderem Leben zum Wachsen und Blühen und Gedeihen verhilft. Das wohl entscheidende Moment eines fruchtbaren Lebens ist die Verweigerung der Gleichgültigkeit. Ein fruchtbares Leben kämpft gegen die Versuchung an, andere Menschen gleichgültig zu behandeln. Ein fruchtbares Leben zu leben bedeutet, um den Ernst des Lebens zu wissen, der sich daraus ergibt, dass es einen Unterschied macht, wie wir leben. Ein einziges menschliches Leben kann die Welt verändern. Ein geglücktes Leben weiß auch in dieser Hinsicht um die Kostbarkeit des Lebens.

Schließlich ist ein geglücktes Leben ein erfülltes Leben. Ein erfülltes Leben ist ein Leben, dem Langeweile und Leerlauf fremd sind. Es ist nicht zu verwechseln mit einem überfüllten oder angefüllten Leben, in das möglichst viel hineingequetscht wird, als ob das Leben eine Zitrone wäre, die es auszupressen gelte. Im Gegenteil: Ein erfülltes Leben ist nicht hektisch und zerfahren, sondern hat Richtung und Tiefgang, Stetigkeit und Festigkeit. Ein erfülltes Leben ist ein Leben, das Tiefe aufweist, das nach Werten ausgerichtet ist, die immer tiefer erkannt und erstrebt werden. Wesentlich scheint hier der Umgang mit Zeit: Ein erfülltes Leben ist ein Leben, das um die Kostbarkeit von Zeit und Augenblick sowie um den Wert des Lebens und seinen Geschenkcharakter weiß. Unser Leben ist nicht dazu da, vertrödelt zu werden. Ein erfülltes Leben zu haben bedeutet, eine Aufgabe im Leben erkannt und ergriffen zu haben, sich eine Verantwortung zu eigen zu machen und mit Klarheit und Kraft auf eine tiefe Anfrage des Lebens zu antworten. Eine solche tiefe Anfrage kann das Wohl der eigenen Kinder sein, die Not von Hungernden und Kriegsopfern, der Aufschrei der Armen und Entrechteten, die Einladung zum Dienst an einer Gemeinschaft. Ein erfülltes Leben weiß sich als Teil eines größeren Ganzen und hat von da aus einen dienenden Charakter. Ein erfülltes Leben nimmt das Menschliche in all seinen Dimensionen auf, mit Hoffnung und Freude, Sorge und Leid. Ein erfülltes Leben ist ein Leben mit einem Auftrag, der nicht ausgeschöpft werden kann, im Sinne einer Einsicht aus der jüdischen Philosophie: Nur ein menschlicher Befehl kann vollends ausgeführt werden. In diesem Sinne ist ein erfülltes Leben ein Leben, das sich im Rahmen der Einbettung in einen größeren Zusammenhang als Aufgabe erweist. Hier kommt ein Moment ins Spiel, das man „Hingabe" nennen könnte. Der englische Religionsphilosoph John Hick hat in seinem Hauptwerk herausgearbeitet, dass das Ideal der Heiligkeit, wie es sich in einer Reihe von religiösen Traditionen findet – und das in verblüffender inhaltlicher Übereinstimmung –, die Fähigkeit zur Hingabe enthält. Das Leben von vielen heiligen Gestalten in verschiedenen religiösen Traditionen lässt erkennen, was wir uns unter einem erfüllten Leben vorstellen können, das Leben eines Mahatma Gandhi, einer Dorothy Day, eines Frère Roger, eines Martin Luther King. Ein erfülltes Leben ist ein Leben, das sich einer als bedeutsam erkannten Sache hingibt.

Worum es letztlich geht
Natürlich geht es letztlich um die Liebe. Es ist, ehrlich gesagt, verwunderlich, dass in so vielen Büchern und Abhandlungen, Weisheitssammlungen und Ratgebern diese Schlussfolgerung zu finden ist und sich diese Einsicht so wenig bemerkbar macht. Entscheidend für das Gelingen eines menschlichen Lebens ist die Liebe, die dieses Leben gezeigt und gegeben, empfangen und gesät, hinterlassen und aufgetragen hat. Der Lebensweg ist eine Reise, die gemeinsam mit anderen unternommen wird, es ist ein gemeinsamer und geteilter Wachstums- und Entwicklungsprozess. „Gemeinsam" will heißen, dass wir viele Aspekte des Lebens in Gemeinschaft erfahren, „geteilt" besagt, dass wir unsere Erfahrungen mit anderen teilen. Die entscheidende Kraft, die langen Atem für den Weg gibt, ist die Liebe. Jemanden zu lieben heißt, diese Person in die Grenzen dessen, was ich als zu mir

gehörig anerkenne und empfinde, einzuschließen, sodass mein Wohlergehen mit dem Wohlergehen der geliebten Person zusammenhängt. Das bedeutet einerseits Einschränkung, andererseits Befreiung und Erweiterung – Einschränkung, weil ich Entscheidungen mit Blick auf die geliebte Person, sehr oft in Abhängigkeit von der Meinung dieser Person treffen muss; Erweiterung, weil der Kreis dessen, was gewichtig und bedeutsam ist, größer wird, weil meine Lebensmöglichkeiten durch ein weites Selbst und eine vieles einschließende Identität zunehmen und mein Leben an Tiefe gewinnt.

Einen Menschen zu lieben heißt, sich von diesem Menschen „unterbrechen" zu lassen in seinen Lebensplänen, in seinen Beschäftigungen, in seinen Wertmaßstäben und Prioritätenlisten. Deutlich ist das in der Liebe zu Kindern. Wenn ich im Arbeitszimmer sitze und an einem Buch schreibe, so wird mich der Aufschrei eines Kindes, das Weinen von Jonathan, ein Schmerzgebrüll von Gabriel, ein Hilferuf von Magdalena, dazu bringen, die Arbeit zu unterbrechen und hinzulaufen. Wenn eines meiner Kinder in Schwierigkeiten ist, ist es selbstverständlich, das Eigene hintanzustellen und sich der Not zuzuwenden, gerade weil die Not Teil des Eigenen ist. Und wie bewundernswert ist die Kunst, wie Menschen mit einer anmutigen Selbstverständlichkeit das Eigene zurückstellen können, weil sie ihr Selbst auf viele und vieles ausgeweitet haben und damit ein Leben der Liebe leben!

Ein Mensch, der liebt, lebt nicht aus der Angst, sondern aus dem Vertrauen. Die Liebe gibt die Sicherheit, die

Sicherheit eines unerschütterlichen Wissens um das, worum es im menschlichen Leben geht – nicht um ein Tun, nicht um ein Haben, sondern um ein Sein. Und dieses Sein entwickelt eine Stärke, die nicht auf Status oder soziale Anerkennung, physische Eigenschaften oder Reichtum angewiesen und somit erschütterbar ist; diese von außen unerschütterliche Stärke nennen wir menschliche Größe. Sie zeigt sich in der Fähigkeit zu lieben.

Ein gestaltetes Leben

1. Fehler und Krisen: Die Chance auf einen Neuanfang

Wer sein Leben gestaltet und auf dem Lebensweg geht, läuft Gefahr, einen Fehltritt zu machen. Ein Fehltritt ist ein Schritt, der eine Grenze überschreiten lässt. Es kann die Grenze des Klugen und Vernünftigen oder die Grenze des Guten und Gebotenen sein. Man verlässt gewissermaßen das Spielfeld oder auch den Weg, auf dem man sich befindet. Österreich ist das Land des Wanderns und hier wissen wir genau, was es heißt, einen Fehltritt zu machen, zu stolpern, das Gleichgewicht zu verlieren, etwas zu zertreten, den markierten Weg zu verlassen, in die Irre zu gehen. Ein Fehltritt führt weg von dem Ziel, das ich als wertvoll anerkannt habe. Ein Fehler kann aber auch darin bestehen, dass ich ein falsches Ziel wähle und, wie es so treffend heißt, in die Irre geleitet werde. So lassen sich zwei Arten von Fehlern kenntlich machen – Fehler hinsichtlich der verfolgten Zwecke und Ziele sowie Fehler hinsichtlich der für die Ziele gewählten und eingesetzten Mittel. Es ist eine Sache, den Papst in Rom zu suchen und mit einem Tretauto die Reise nach Rom anzutreten, es ist eine andere Sache, den Papst in Bagdad zu wähnen und sich dorthin zu begeben. Gerade aus diesem Grund – weil von der Wahl der richtigen Ziele so viel abhängt – ist es ganz entscheidend, sich Gedanken über das geglückte Leben zu machen.

Falsche Mittel wählt jemand, der der praktischen Klugheit ermangelt. Gravierender aber ist das Verfolgen verfehlter Ziele. Im Psalm 16 findet sich dazu eine tiefe Aussage: „Viele Schmerzen leidet, wer fremden Göttern folgt." (Psalm 16,4) Diese Einsicht, derzufolge Leiden dadurch erzeugt werden, dass wir falschen Zielen hinterherjagen, treffen wir auch im Buddhismus an. Mit Blick auf das Leben als Ganzes betrachtet, ergeben sich falsche Ziele dann, wenn sie nicht in Übereinstimmung mit dem stehen, worauf es im Leben eigentlich ankommt. Wir setzen falsche Prioritäten. Und das ist gravierend, weil wir dann Mittel für einen Zweck suchen, der in die Irre führt. Bestimmte Ziele sind, so gesehen, „systematisch irreführend", sie führen uns immer weiter von dem weg, was menschliches Leben ausmacht.

Ich schreibe dieses Buch, wie schon erwähnt, in einem Abschnitt meines Lebens, in dem ich unter einem schweren Fehler, den ich gemacht habe, leide. Nun kann es in einer solchen Situation eine nützliche Übung sein, sich vorzustellen, was man zu einem Freund sagen würde, der sich in einer solchen Lebenslage befindet. Was würde ich jemandem, der sich in einer vergleichbaren Situation befindet, sagen? Angenommen, jemand kommt zu mir und sagt: „Ich habe einen schweren Fehler gemacht und mein Leben verpfuscht. Ich habe einen guten Arbeitsplatz mutwillig verlassen und anderswo angefangen, wo ich mich vom Schein habe täuschen lassen, und nun bin ich unglücklich, leiste schlechte Arbeit, meine Familie

leidet." Zunächst muss hier ein Akt der Anerkennung geleistet werden: Ich erkenne an, so würde ich zu meinem Freund sagen, dass du die Dinge so siehst, und ich erkenne an, dass dein Blick auf dein eigenes Leben nicht durch einen Blick von außerhalb ersetzt werden kann. Die Innenperspektive auf das eigene Leben, die mit dem Lebensgefühl zusammenhängt, ist echt. Nach diesem Akt der Anerkennung würde ich wohl sagen: „Warum bist du sicher, dass du einen Fehler gemacht hast? Wenn dein Leben nach diesem Schritt und aufgrund der Neuorientierung, die du nun vornehmen musst, in den entscheidenden Hinsichten besser ist als vorher, würdest du den Fehler als Schritt eines Weges, der zum Guten geführt hat, gelten lassen können. Das wiederum bedeutet, dass es darauf ankommt, was du jetzt aus dem gesetzten Schritt machst. Du kannst Vergangenes nicht ungeschehen machen, mit jedem Schritt schaffst du nicht nur Unumkehrbares, sondern jeder Schritt kann auch als Versprechen angesehen werden, durch das du bereit bist, dich definieren zu lassen. Und wenn du Fehler als Teil deines Lebensweges anerkennst und bereit bist, dich von deinen Fehlern auch definieren zu lassen, hast du einen Schritt in Richtung ‚menschliche Größe' gemacht. Du darfst auch vertrauen, dass du mit diesem Fehler Menschen, die an Fehlern leiden, näher gekommen bist. Und du darfst darauf vertrauen, dass du aus diesem Fehler, wenn du es willst, viel darüber lernen kannst, worum es im Leben eigentlich geht."
Ein geglücktes Leben ist nicht ein solches, in dem keine Fehler gemacht werden, sondern ein solches, in dem

Fehler fruchtbar gemacht werden. Da wir über die Frage nach dem geglückten Leben nicht von einer *Tabula rasa* aus, also vor einem weißen, unbeschriebenen Stück Papier sitzend nachdenken, sondern inmitten des Lebens, lautet die entscheidende Frage nicht: Wie können wir das Auftreten von Fehlern vermeiden? Sie lautet hingegen so: Wie können wir mit unseren Fehlern leben? Der israelische Philosoph Avishai Margalit hat einmal gesagt, dass das, was uns Menschen ausmacht, die Fähigkeit zu einem Neuanfang ist, die Fähigkeit, immer wieder neu beginnen zu können. Ein Neubeginn wird dadurch möglich, dass wir einsehen, dass ein Neuanfang sinnvoll oder gar notwendig ist. Diese Einsicht ist zumeist bitter erlitten, wir verdanken sie Fehlern, die wir gemacht haben.

Aus diesen Überlegungen ergeben sich Konsequenzen für die Frage nach dem geglückten Leben. Ich führe zwei Konsequenzen an: Erstens wird mir klar, dass es eine ganz entscheidende Frage für die Ethik des Lebens ist, wie ich mit Fehlern umgehe und was als Fehler zählen soll. Ich darf nicht so über das Leben nachdenken, als stünde ich vor einer Wiese, auf der noch keine Wege ausgetreten sind, auf der keinerlei Spuren erkennbar sind und auf die ich aus dem Himmel gefallen bin, ohne Geschichte und ohne den Ballast unumkehrbarer Erfahrungen. Zweitens wird mir klar, dass Fehler so sehr Teil des menschlichen Lebens sind, dass wir nachsichtig im Umgang mit Fehlern sein sollten. Karl Popper hat immer wieder darauf hingewiesen, dass aus einer tiefen Einsicht in die Fehlbarkeit menschlichen Urteilens die Tugend der

Bescheidenheit und die Fähigkeit zu verzeihen folgen sollen – schließlich weiß ich nicht, ob ich nicht selbst mit meinem Urteil in die Irre gehe, und schließlich muss ich eingestehen, dass ich auch Fehler mache.

Geglücktes Leben, so könnten wir festhalten, zeigt sich an der Fähigkeit, mit Fehlern umzugehen, zeigt sich an der Fähigkeit, eine Krise als solche zu erfahren, auszuhalten und zu überwinden, und in der Fähigkeit, an einer Krise zu reifen und zu wachsen. Eine Krise ist ein Ort des „Zwischen", ein Schwellenzustand, ein Zustand zwischen einem „Nicht-mehr" (die alten Sicherheiten gelten nicht mehr) und einem „Noch-nicht" (neue Sicherheiten sind noch nicht eingerichtet). Krisen sind Durchbrechungen menschlicher Pläne. Wir machen im Leben die Erfahrung, dass die Lebenspläne, die wir uns zurechtgezimmert haben, durchkreuzt werden. Lebenspläne sind Entwürfe unserer selbst in die Zukunft hinein, was wir sein und werden wollen, welches Selbstverständnis wir haben, welche Ziele wir erreichen und welche Prioritäten wir setzen wollen. In manchen Fällen ist ein Lebensplan wie ein Drehbuch („mein Plan für die nächsten zehn Lebensjahre"), in anderen Fällen ein vages Selbstverständnis. Die Verwirklichung eines Lebensplans hängt von vielen Faktoren ab, die sich unserer Kontrolle entziehen. Hier gibt es Eintrittsstellen für das Schicksalhafte. Das Abbrechen eines Lebensplans ist schmerzhaft. Hier haben wir es mit tiefen, existentiellen Krisen zu tun, wo unsere Identität, unser Selbstbild und damit auch unser Weltbild auf dem Spiel stehen und neu entworfen werden müssen. Unterbrechungen menschlicher Pläne rufen Krisen hervor, die uns an unseren verwundbarsten Stellen treffen – an jenen Stellen nämlich, an denen wir zu wissen glauben, wer wir sind und warum wir das tun, was wir tun, oder wo wir auch zu wissen glauben, was wir tun sollen. Ein Schifahrer, der einen Motorradunfall hat und seine Karriere beenden muss, muss sich im Leben neu orientieren. Ein berühmter Wissenschafter, der des Betrugs überführt wird, muss sich zurechtfinden. Eine Angestellte, die ihren Arbeitsplatz verliert, ist aufgerufen, sich neu zu orientieren.

Die Frage nach einem geglückten Leben ist auch eine Frage des Umgangs mit Scheitern und Misserfolg. Eine eindrückliche Schilderung von der Durchbrechung menschlicher Pläne finden wir im so genannten „Damaskuserlebnis" des Saulus. Eine Schilderung dieses Erlebnisses finden wir im Neuen Testament in der Apostelgeschichte an drei Stellen (Apg 9, 1–22; Apg 22, 4–21; Apg 26, 12–18). Es fällt auf, dass Saulus in dieser Krise, die zur Neuorientierung führt, blind wird. Der Legende nach wird er vom hohen Ross seiner Sicherheiten und seiner Selbstgefälligkeit gestürzt. Saulus erfährt in dieser Situation einen Anruf, den er sonst nicht erfahren hätte. Er erfährt etwas über das Leben, was er sonst nicht erfahren hätte. Saulus erhebt sich vom Boden. Im Durchleben einer existentiellen Krise ist dies der erste Schritt: sich vom Boden zu erheben, aufrecht zu stehen, den Kopf hoch zu halten, frei zu atmen, Überblick zu gewinnen. Nach der überwältigenden Erfahrung, die ihn niedergestreckt hat, gewinnt Saulus wieder Boden unter den Füßen. Er hat verstanden, was von ihm verlangt wird, der nächste Schritt – die Reise nach Damaskus – ist klar. Der Schlüssel zu einem Weg aus der Krise ist ein Wissen um die Richtung, in die es gehen soll. In diesem Sinne ist eine Krise wohl auch eine Gelegenheit der Klärung: Prioritäten klären sich, die Karten, die wir in der Hand halten, werden neu gemischt. Saulus ist dann auf seine Begleiter angewiesen, die ihn stützen und führen. Die Lektion ist klar: Eine Krise bewältigen wir nicht allein. In einer Krise müssen wir auf Menschen bauen, die uns nahe stehen, brauchen wir ein soziales Netz, das uns trägt. Die Krise des Saulus löst sich, weil in der neuen Situation neue Menschen auftreten: Hananias, der Saulus die Hände auflegt und ihn damit berührt, nimmt sich der Sache des Saulus an. (Apg 9, 10ff) Auch dies ist eine Lektion: In einer Krise eröffnet sich ein Raum für neue menschliche Begegnungen. Die Blindheit selbst dauert drei Tage – die symbolische Zeitspanne von drei Tagen deutet eine Fülle an, die Krise braucht selbst ihre Zeit, muss zur Reife kommen und kann dann erst überwunden werden. Nach seinem Damaskuserlebnis weiß Saulus um seine Mission. Die Lektion: Eine Krise bereitet uns auf eine Mission vor. Nach einer durchlittenen Krise können wir Dinge tun, die wir ohne diese Krise nicht tun könnten. Das Gute, das wir nach einer Krise erleben, wird gerade durch diese Krise möglich gemacht. Eine Krise wird überwunden, wenn aus ihr Wissen um einen Auftrag und Kraft für eine Aufgabe geschöpft wird. Eine Lektion, die in der Überwindung einer Krise stattfindet, besteht immer auch darin, sich andern mit Aufmerksamkeit und Dienstbereitschaft zuzuwenden und nicht in der eigenen Krisenhaftigkeit mit Blick auf sich selbst stehen zu bleiben.

Wir können uns selbst nicht und schon gar nicht unsere Kinder vor Fehlern und Krisen bewahren. Wir können aber die Einsicht leben und vermitteln, dass Fehler und Krisen Teil des menschlichen Lebens sind, dass sie zur Ausbildung von Menschlichkeit beitragen können und in jedem Fall unverzichtbar für das innere Wachstum, für die Fähigkeit zur Selbstprüfung und zum Neuanfang sind. Das christliche Motiv einer „glücklichen Schuld", einer *„felix culpa"*, kann man in diesem Zusammenhang auch so verstehen, dass aus einem Fehler gute Frucht kommen kann, wenn wir an unseren Fehlern wachsen, nicht zuletzt im Bewusstsein unserer Fehlbarkeit.

2. Reinheit des Denkens

Ludwig Wittgenstein hat an einer Stelle geschrieben, dass eine Ursache für so manche Krankheit des Denkens eine „einseitige Diät von Beispielen" sei. Wenn man sein Denken nur mit einer Art von Beispielen und Gedanken ernährt, wird man Mangelerscheinungen zeigen. „Sie lesen zu viele Kriminalromane" ist ein Tadel, der diesem Umstand Rechnung trägt. Wir ernähren nicht nur unseren Körper, sondern auch unseren Geist. Ich habe mir einmal vorgestellt, wie aufregend ein „Restaurant des Geistes" sein könnte, ein Restaurant, in dem man gute Texte serviert bekommt und liest. In einem solchen Restaurant „Zum guten Geist" setzen wir uns auf einen bequemen Lesestuhl an einen gut ausgeleuchteten Tisch mit einer speziellen Leselampe. Wir bekommen eine Speisekarte, die nach verschiedenen Geschmacksrichtungen sortiert ist: „Leichte intellektuelle Anregungen", „Für Schwermütige", „Schwere theologische Kost", „Philosophische Brocken", „Zur Beruhigung des Gemüts" und so fort. Man kann aus entsprechenden geistigen Vorspeisen, Hauptspeisen und Desserts wählen und natürlich stehen auch Menüs zur Auswahl, liebevoll vom Küchenchef zusammengestellt. Ich denke hier etwa an ein „österreichisches Menü" – zur Vorspeise einen philosophischen Gedanken aus den Briefen Mozarts, als

Hauptspeise den Vortrag Poppers über Duldsamkeit und als Nachspeise ein paar Bemerkungen aus Wittgensteins Schrift über Kultur. Ähnlich kann man ein spezielles Weisheitsmenü anbieten, mit einer Vorspeise aus Senecas Briefen an Lucilius, einer Hauptspeise aus Schopenhauers *Aphorismen zur Lebensweisheit* und einem Auszug aus Blochs Aufsatz über Weisheit als Nachtisch. In diesem Zusammenhang könnte man auch Menüs zu Themen (wie etwa „Besonnenheit"), Denkern (wie etwa Martin Buber) oder Epochen zusammenstellen. Jeder Text wird stilvoll auf entsprechender Unterlage und in ausgesucht feiner Aufmachung auf einem Tablett serviert, Notizpapier für eigene Gedanken werden ebenso bereitgestellt, die Lesezeit ist großzügig bemessen, schließlich wird hier nicht Schnellkost kredenzt. Es ist eine besondere Kunst, für einen intellektuell anregenden Abend Texte zusammenzustellen, die auch zueinander passen und den Gast anregen, ohne ihn aufzureizen. Die Atmosphäre in diesem „Restaurant zum Geist" ist ruhig, die Konversation, so die Texte nicht allein genossen werden, ist rücksichtsvoll halblaut. Auf diese Weise kann der Geist kultiviert werden.

Ein Geist, der keine Nahrung erhält, verkümmert; ein Geist, der einseitig ernährt wird, gebiert verzerrendes Denken und geht in die Irre. Die Ernährung des Geistes kann wie unsere Ernährung beeinflusst werden; sie hängt von Entscheidungen ab, die wir treffen – Entscheidungen über die Bücher, die wir lesen, über die Zeitungen und Zeitschriften, mit denen wir uns beschäftigen, über die Filme, die wir ansehen, über die Gespräche, die wir führen, und auch über die Gedanken, die wir denken. Mark Aurel hat in seinen Betrachtungen die Notwendigkeit hervorgehoben, die eigenen Gedanken zu kontrollieren. Wir können zerstörerische Gedanken, wenn sie in uns hochsteigen, zurückweisen. Wir können eine Disziplin darin entwickeln, aufbauende Gedanken zuzulassen und zu kultivieren.

Der Geist ist wie ein Garten, der gepflegt werden will. Dass Gedanken wirken und mit Lebewesen verglichen werden können, die im Garten unseres Geistes herumlaufen und den Garten gestalten, ist uns bekannt. Gedanken sind eigenartige Gebilde, die Macht ausüben und Kraft haben. Wenn ich immer wieder dieselben trübsinnigen Gedanken denke, so graben sich diese Gedanken in tiefen Spuren in den Garten unseres Geistes ein. Ähnlich wie ein Garten durch Monokultur verkümmert, verarmt das Denken in der Einseitigkeit. Auf dem Weg zu einem erfüllenden und gestalteten Leben ist das Bemühen um eine rechte Denkkultur von großer Bedeutung. Wir können unser Denken gestalten, daran arbeiten, dass wir nicht immer dieselben Gedanken denken, daran arbeiten, dass wir nicht eine innere Unordnung zulassen, wie sie etwa dadurch entstünde, dass wir den Geist nicht sorgsam an gute Quellen heranführen, sondern wie ein Hund von Bissen zu Bissen springen und alles nehmen würden, was sich anbietet: Das ruhige Eindringen in eine Materie ist etwas anderes als das durch Neugierde geleitete Springen von Eindruck zu Eindruck. Reinheit des Denkens bedeutet, darüber zu wachen, welche Nahrung ich meinem Geist zuführe, und auf ein Zuviel und ein Zuwenig zu achten, kurz: diszipliniert zu werden in den Denkgewohnheiten. Dies verlangt Übung und Wiederholung. Ein Garten wird durch stete und regelmäßige Pflege, die hegt und sät, gießt und jätet, zu einem Ort, an dem man sich gerne aufhält. Ähnlich verhält es sich mit dem Geist, den wir gestalten können. „Lass nicht zu", so könnten wir sagen, „dass dein Geist zufälligen und zerstörerischen Kräften ausgesetzt wird, sondern versuche die Tür, die zu deinem Inneren führt, zu bewachen."

„Reinheit des Denkens" heißt dabei nicht, sich jeglichem Anliegen zu verschließen und eine Illusion von Unschuld, die im Grunde nichts anderes ist als Ignoranz, zu leben. Wir müssen sogar zur Kenntnis nehmen, dass wir in einer Welt leben, in der unschuldiges Leben nicht möglich ist, weil wir unser Leben auf Kosten von anderem Leben leben, auf Kosten von Umwelt und Menschen, die in Armut leben, auf Kosten nachfolgender Generationen und auf Kosten von anderen Lebewesen. Dennoch ist das Ideal der Reinheit des Denkens wichtig: Es ist das Ideal, die Ernährung des Geistes zu disziplinieren; ähnlich wie man sich für vegetarische Ernährung entscheiden kann, kann man sich für eine rechte Ernährung des Geistes entscheiden und diese konsequent verfolgen. Durch sorgsame Ernährung des Geistes mit gutem Denken, wie es aus Literatur und Philosophie, Religion und ernsthaftem Dialog gewonnen werden kann, kann sich der Geist stärken und weiten und jene Enge des Denkens überwinden, die Angst, Vorurteil und Starrheit zur Folge hat. Denkstil und Lebensstil hängen zusammen. Wer sein Leben gestalten will, wird auch sein Denken gestalten wollen.

3. Leidenschaft, Begeisterung und Kraft

Als mein Bruder und ich Kinder waren, waren wir nicht besonders angetan von den Bergtouren, auf die uns unsere Eltern mitnahmen. Wir Kinder schafften es auch zumeist, die Naturbegeisterung unserer Eltern durch anhaltendes Jammern und durch wiederholte Bekundungen von Müdigkeit zu dämpfen. Kaum waren wir zu Hause angekommen, kaum hatten wir die schweren Bergschuhe ausgezogen, waren wir bereit für stundenlanges Fußballspiel, zum Erstaunen unserer Eltern. Dahinter steht ein simples Gesetz: Das Eigene zu tun, gibt Kraft. Eine Aufgabe, die uns unangenehm ist, schieben wir gerne auf, sie belastet, kann bei wiederholtem Aufschub zum Sorgenberg werden, wir erledigen eine solche Aufgabe zumeist langsam, sie ermüdet uns. Das Fremde zu tun, raubt Kraft. Es ist ein großes Geschenk, etwas zu finden, was uns wirklich begeistert. Einen Auftrag zu finden, der uns erfüllt, den wir uns zu eigen machen können, der zur Kraftquelle wird. Karl Marx hat mit dem Stichwort der „Entfremdung" jene Dynamik angesprochen, die darin besteht, dass wir uns selbst an eine Sache, die nicht die unsere ist, hingeben müssen und dadurch Schritt für Schritt uns selbst fremd, somit von uns entfremdet werden, sodass uns unser Leben mehr und mehr fremd wird und wir von außen gelebt werden, aber nicht mehr von innen her leben.

Ein geglücktes Leben ist ein gestaltetes Leben, ein Leben, welches das Eigene finden und tun lässt. Ein geglücktes Leben ist ein Leben, das auf je eigene Weise glückt. Bekanntlich ist der kürzeste Weg ins Unglück der Vergleich mit anderen, denen wir Neid entgegenbringen. Ist es nicht erleichternd, wenn wir nicht mehr darauf Bedacht nehmen müssen, was andere tun, weil wir das Eigene tun (und auch das Eigene erleiden)? Ist es nicht befreiend, wenn wir unser Leben gestalten können aufgrund von Zielen, die wir für wichtig und bedeutungsvoll halten? Lawrence Kohlberg hat Stufen moralischen Handelns unterschieden und die höchste Stufe als ein Leben gemäß selbst gewählten Prinzipien charakterisiert, die ich auch selbst rechtfertigen und begründen kann. Ähnlich verhält es sich bei der Lebensgestaltung – lebe ich ein Leben, das ich empfehlen und rechtfertigen kann? Lebe ich ein Leben, das Züge von Begeisterung zeigt und damit klare Konturen hat? Ein kraftvolles Leben, das von Begeisterung getragen wird, reißt mit. In seiner Schrift *Politik als Beruf* hat Max Weber davon gesprochen, dass ein Politiker vor allem eines brauche: Leidenschaft. Ein Mensch, der andere führen will, muss begeistern können und das wiederum ist nur möglich auf der Grundlage eigener Leidenschaftlichkeit, auf der Basis der Fähigkeit, sich selbst zu führen und selbst begeistert zu sein.

Es ist eine gute Übung, sich folgende Fragen zu stellen: Was gibt mir Kraft? Aus welchen Quellen lebe ich? Die wenigsten Menschen würden, wenn sie ehrlich sind, das

Fernsehen oder andere Formen des Müßiggangs anführen. Kraft bekommen wir aus einer Arbeit, die wirklich befriedigt, aus Begegnungen, im Dienst an einer Sache, von der wir überzeugt sind. Es war Henry Thoreau, der einmal gesagt hat: „Die meisten Menschen leben Existenzen stiller Verzweiflung." Bei allem Respekt vor der Notwendigkeit menschenfreundlicher äußerer Bedingungen – das müsste nicht so sein. Wir alle können aus der Überzeugung, sinnvolle Arbeit zu tun, Teil eines Größeren zu sein, Kraft gewinnen und unserem Leben Tiefe verleihen. Wir alle können den Blick auf das Leben als Ganzes werfen und die Frage stellen, worum es im Leben eigentlich geht. Ein wichtiges Moment auf der Suche nach den eigenen Kraftquellen ist die Frage nach hohen Zielen. Der hochsinnige Mensch ist der Mensch, der nach Hohem strebt, nach einem Leben, das von Tiefe gekennzeichnet ist und sich nicht auf Bequemlichkeit, auf gutes Essen, angenehme Fernsehabende und Strandurlaube beschränkt. Der hochsinnige Mensch nimmt das Leben ernst. Die berühmte Aussage von Martin Luther King, welche die Vision einer menschenfreundlichen Gesellschaft ohne Rassismus ausgedrückt hat, sein Bekenntnis „Ich habe einen Traum" drückt diese Fähigkeit aus, nach Großem zu streben. Eine Botschaft, die wir dem Leben von Martin Luther King entnehmen können, lautet: Gib dich nicht mit dem kleinen Ideal, dem kleinen Traum zufrieden. Trau dir zu, nach Großem zu streben. Dies ist selbst unter engen materiellen Bedingungen möglich: „Die Bewegung der kleinsten Münze", die Menschen einlud, die kleinste Münze der lokalen Währung zu spenden, wurde von den Ärmsten der Armen getragen und gab diesen schwer um die Existenzsicherung ringenden Menschen die Erfahrung, Teil eines wichtigen Unternehmens zu sein, das die Welt zu einem besseren Ort macht. Hier können wir etwas darüber lernen, welche Kraft aus Teilen und Geben kommt. Welche Kraft lässt sich gewinnen, wenn wir das finden, was uns begeistert, was unser Eigenes ist! Mahatma Gandhi soll bei einem Vortrag in London stundenlang ohne jede Unterlage gesprochen haben. Auf die Frage, wie er das denn machen könne, habe sein Sekretär geantwortet: „Er ist so überzeugt von dem, was er sagt, so erfüllt von seiner Botschaft, dass er stundenlang frei reden kann." Das ist die Kraft der Begeisterung, eine Kraft, die ausstrahlt. Zuhörerinnen und Zuhörer bemerken in der Regel, ob die Rednerin aus eigener Überzeugung und mit Begeisterung spricht oder etwas erzählt, mit dem sie sich nicht identifizieren kann, weil es nicht ihr Eigenes ist. Die Kraft der Begeisterung steckt an und entzündet. Die Kraft der Begeisterung überwindet Widerstände. Diese Kraft entspringt der unerschütterlichen Überzeugung, Teil einer wichtigen Unternehmung zu sein. Es ist diese Überzeugung, die Nelson Mandela, Vaclav Havel oder Dietrich Bonhoeffer im Gefängnis vor Resignation bewahrt hat. In der stoischen Philosophie sprach man von „Seelenstärke" als jener inneren Kraft, die daher rührt, dass man ein Leben nach starken Überzeugungen gestaltet und nicht einfach mitschwimmt im Strom des Lebens. Von der stoischen Philosophie lernen wir aber auch, dass die Kraft der Begeisterung durch Klugheit gelenkt werden muss. Immanuel Kant und John Locke haben auf je eigene Weise vor den Früchten eines blinden Enthusiasmus oder einer verblendeten Schwärmerei gewarnt. Auch Terroristen, die ihr Leben für eine Sache hingeben, leben aus der Kraft einer Leidenschaft. Diese Kraft will also bedacht sein, sie muss gelenkt und rückbezogen werden auf die Frage nach dem menschlichen Leben.

Stellen wir uns eine Welt vor, in der es nichts gäbe, für das man sich begeistern könnte. Wie würde eine solche Welt aussehen? Es wäre eine Welt, in der wir sämtlichen Ideen, Menschen und Aufgaben lauwarm gegenüber stehen würden. Es könnte auch eine Welt sein, in der sich auf Knopfdruck jeder Wunsch erfüllt – die Kraft der Begeisterung kommt dagegen aus schwierigen Vorhaben, aus Vorhaben, die wertvoll und bedeutsam sind, aber nicht in den Schoß fallen. Das Schlaraffenland eignet sich nicht dazu, die Kraft der Begeisterung zu nähren. Das Wunderbare ist: Diese Kraft steht jedem Menschen offen. Solange es so viel Elend auf der Welt gibt, haben wir niemals die Ausrede, dass es nichts gebe, für das wir uns mit Leidenschaft einsetzen könnten.

Ein begnadetes Leben

4. Glücklichsein

Ich erinnere mich an das Ende eines Kinderbuches: Die Familienmitglieder sind im Wohnzimmer versammelt, der eine liest, die andere stickt, es herrscht Ruhe. Und das Mädchen, von dem die Geschichte handelt, erzählt, dass es spürt, dass die Stube bis oben hin voll ist mit – Glück.

Glück hat viel mit dieser Geborgenheit zu tun, mit diesem Aufgehobensein in schlichten Dingen. Leben mit Kindern hat viel mit Alltag zu tun – mehr noch: Es ist eine Lebensaufgabe, Alltag mit Regelmäßigkeit und Verlässlichkeit aufzubauen und zu erhalten. Eine einfache Lektion aus dem Familienleben lautet dann wohl: Suche das Glück nicht in Außergewöhnlichem, sondern bemühe dich, es im Alltag zu finden. Glück ist etwas, das „sich einstellt", das „zufällt", nicht etwas, das man herstellen oder erzwingen könnte. Glück, so scheint hier die Botschaft zu sein, ist etwas Leises, Natürliches, Selbstverständliches, nicht etwas Grelles, Schreiendes, Käufliches.

Wir wollen, dass unsere Kinder glücklich sind. Und wir freuen uns, wenn wir auf einen Tag zurückschauen können, an dem die Kinder Momente von Glück erlebt haben – einen Tag im Zoo, einen Tag bei den Großeltern, einen ruhigen Tag ohne Zwischenfälle und Zwistigkeiten. An solchen Tagen wissen wir, dass Glück zufällt und geschenkt ist, aber auch erarbeitet werden will, mit einer Haltung der Offenheit und Aufrichtigkeit. Das Glück kann nicht einziehen, wenn die Herzen verschlossen sind. Das Glück kann nicht empfangen werden, wenn die Hände voll sind. Hier schleicht sich eine provokante Frage ein, die wir uns stellen können: Willst du wirklich glücklich sein?

Es hat Vorteile, unglücklich zu sein. Ein unglücklicher Mensch kann Kraftlosigkeit und Trägheit rechtfertigen, ein unglücklicher Mensch kann Mitleid und Aufmerksamkeit auf sich ziehen, bevorzugte Behandlung beanspruchen, weil er leidet. Es kann recht bequem sein, im Unglück zu leben. Das beste Mittel, das ich kenne, um sich unglücklich zu machen, ist der Neid – man vergleiche sich mit anderen Menschen im Modus der Habsucht. Vor diesem Hintergrund kann man den Gedanken der stoischen Philosophie und von manchem buddhistischen Denken nachvollziehen, dass der Weg zu innerem Frieden damit zu tun hat, sich von äußeren Bedingungen unabhängig zu machen. Ein unglücklicher Mensch ist ein abhängiger Mensch, verstrickt in Netze von Bedingungen, die zumeist selbst gewebt sind. Ein unglücklicher Mensch hat auch den Vorteil, dass er in der Rolle des Opfers lebt, dass er stets auf „etwas" wartet – wartet darauf, dass sich die Bedingungen ändern, wartet darauf, dass sich eine gewünschte Erfahrung einstellt.

Menschen, die auf diese Weise unglücklich sind, dürften einen grundlegenden Fehler machen: Sie behandeln die Frage nach Glück wie die Suche nach einem großen

Geheimnis, nach einem Schatz, den man sich nach Bestehen vieler Abenteuer, die an die verborgene Pforte eines weisen Wesens führen sollen, zu eigen machen muss. Sie sehen das Glück als ein Gut an, sagen wir, als einen besonders schönen Edelstein, den man nach mühseliger und langwieriger, manchmal vielleicht auch zwanghafter und gehetzter Suche erwirbt. Dies scheint irreführend. Glück ist nicht ein äußeres Gut, das man finden kann, es ist eine innere Einstellung, die sich auf die unterschiedlichsten und stets sich wandelnden äußeren Verhältnisse bezieht. Und diese Einstellung ist Ausdruck der Haltung gegenüber dem Leben als Ganzem, Ausdruck der ganzen Persönlichkeit. Das Glück ist nicht ein „Gut", denn was ein Gut ist, hängt von unserer Einstellung ab. Ein Glas Wein kann für einen gesunden Erwachsenen ein „Gut" darstellen, für einen Alkoholiker auf Entgiftung oder für ein Kind bildet es dagegen eine Gefahr. Glück liegt „innen", nicht „außen". Der indische Jesuit Anthony de Mello hat bei seinen Vorträgen die Zuhörerschaft gerne mit der Frage provoziert, warum sie denn nicht „hier und jetzt" glücklich seien. Glück dürfe nicht von äußeren Bedingungen abhängen, sei eben weder ein Gut noch ein Zustand, der sich dann einstelle, wenn bestimmte äußere Bedingungen erfüllt seien. Das Glück sei eine Form des „Im-Leben-Stehens", eine Lebensform.

Wir sprechen hier vom tiefen Glück eines Menschen, der seinen Platz im Leben gefunden hat. Wir reden nicht vom Zufriedenheitsgefühl eines Vollgefressenen, der nach gelungenem Versicherungsbetrug eine Zigarre raucht. Tiefes Glück ist ein solches, in dem

Traurigkeit Raum findet, das neben einer Erfahrung von Abschied und Verlust stehen kann, ohne diesen Erfahrungen weichen zu müssen. Der Dalai Lama ist immer wieder betrübt ob der politischen Entwicklungen, das ändert aber nichts daran, dass er sich als fundamental glücklich weiß. Wir sprechen hier nicht von einer Gefühlslage, die sich je nach Situation verändern kann, sondern von der Sicherheit, den Platz im Leben gefunden zu haben. Ein glücklicher Mensch kann die Wirklichkeit aushalten. Ich habe manchmal den Verdacht, dass viele Menschen von einer Angst geplagt sind, der Angst nämlich, morgens aus dem Bett zu steigen. Dahinter verbirgt sich die Angst vor der Welt, eine Angst, die nur einen unglücklichen Menschen ständig begleitet. Ludwig Wittgenstein hat einmal geschrieben, dass die Welt des Glücklichen eine andere ist als die Welt des Unglücklichen. Damit ist u. a. gemeint, dass der Glückliche durch seine Einstellung zu den Dingen eine grundlegend andere Wahrnehmung hat. Der glückliche Mensch lebt. Von einem glücklichen Menschen können die anderen mehr erwarten, sein Pensum wird voller, sein Radius größer. Er wird als belastbarer wahrgenommen, bekommt größere Bürden anvertraut. Erich Fromm hat in einem gleichnamigen Buch von der *Flucht vor der Freiheit* gesprochen. Wir ziehen in vielen Fällen Bequemlichkeit und Sicherheit der Freiheit und der damit verbundenen Verantwortung vor. Für das menschliche Wachstum kann es daher mitunter das Sicherste sein, die Sicherheit hinter sich zu lassen und einen Neuanfang zu setzen. Diese Fähigkeit zu einem

Neuanfang scheint ganz entscheidend auf dem Weg zum Menschsein, den wir hier vor Augen haben.

Der glückliche Mensch lebt in einer anderen Welt und lebt ein anderes Leben. Sie könnten einmal einen Selbstversuch machen: Leben Sie einen Tag mit der Einstellung, dass „ohnehin nicht mehr möglich" ist im Leben, dass Sie benachteiligt sind, dass Ihr Leben mühsam ist und Ihre Tätigkeiten ohne Bedeutung sind. Leben Sie den nächsten Tag mit einer Haltung der Dankbarkeit und Offenheit, gehen Sie davon aus, dass Ihnen die Dinge, die Sie brauchen, zufallen. Sie werden den Unterschied erfahren, buchstäblich am eigenen Leib und im eigenen Herzen. Glückliche Menschen strahlen und sie strahlen aus. Sie sind „Licht" und „Salz". Sie erhellen die Welt, in der sie leben, sie geben denjenigen, die mit ihnen arbeiten, Geschmack am Leben. Auch hier gilt das grundlegende Gesetz: „Wer hat, dem wird gegeben." Wer das Glück gefunden hat, dem wird es jeden Augenblick gegeben.

Glück ist damit nicht nur Zufall, sondern auch Entscheidung. George Ritchie, ehemaliger amerikanischer Soldat, schildert in seinem lesenswerten Buch *Rückkehr von Morgen* eine Begegnung mit einem polnischen Rechtsanwalt, der aus einem Konzentrationslager befreit worden war. Der ehemalige Lagerinsasse machte sich nach der Befreiung als Übersetzer bei der mühsamen Arbeit an einem Neuanfang für seine Kameraden und Leidensgenossinnen nützlich. Seinen Dienst verrichtete er mit schier unermüdlichem Einsatz und einer Ausstrahlung von Glück. Dieser Mann hatte ein schlichtes

Geheimnis: Er hatte sich für die Liebe entschieden und gegen den Hass. Er hatte miterlebt, wie seine Frau und seine fünf Kinder erschossen worden waren, und er hatte sich in dem Moment, als man ihm einen gnädigen Tod durch Erschießen verweigerte, dafür entschieden, mit aller Ernsthaftigkeit jeden Menschen, der ihm begegnen würde, zu lieben. Wir können uns vorstellen, dass kein Tag vergangen ist, an dem dieser bemerkenswerte Mann nicht an seine Familie gedacht hat. Wir können uns vorstellen, dass dieser Mann jeden Tag neu an seiner Entscheidung arbeiten musste. Wir können uns aber auch vorstellen, dass durch dieses Leben in Liebe sich Glück einstellte, langsam und organisch wachsend, Stunde für Stunde, Tag für Tag.

Als Vater wünsche ich meinen Kindern von Herzen, dass sie glücklich sind, dass sie ihren Platz im Leben finden, einen Platz, an dem sie es nicht mehr nötig haben, sich mit anderen zu vergleichen. Menschen werden glücklich dadurch, dass sie das Eigene finden und tun können; Menschen werden glücklich dadurch, dass sie anderen dienen können. Das, was einen Menschen zum individuellen Menschen macht und damit zum Menschlichen gehört, kann der Gemeinschaft dienen, seien es technische oder künstlerische Fähigkeiten, intellektuelle Kraft oder Verlässlichkeit in der Erledigung von Erhaltungsaufgaben. Glück hat damit zu tun, dass ich weiß, wo ich hingehöre, mit welchen Gaben ich zum Aufbau des Menschlichen beitragen kann, wem ich dienen darf. Glück ist eine Lebensform, eine Einstellung zum Ganzen, eine „Welt".

Beenden wir diesen Abschnitt mit einer philosophischen Note: Eine hilfreiche Klärung, die im Zusammenhang des Nachdenkens über das Glück vorzunehmen ist, ist die Unterscheidung von *fortuna* (Glück, das sich purem Zufall verdankt), *felicitas* (Glück, an dessen Zustandekommen man beteiligt war) und *beatitudo* (bezogen auf ein im Ganzen geglücktes Leben). Wir haben hier die dritte Variante im Auge, das Glück mit Blick auf das Leben als Ganzes. Es liegt zwischen Zufallen und Erarbeiten. Um das Glück kann man sich bemühen, weil es im Inneren liegt und nicht von Äußerem abhängt, wenn es echtes Glück ist. Dennoch kann Glück nicht mit einer Technik angeeignet werden, wie man sich etwa Schlagvarianten im Tennis beibringen kann. Es kommt ein gnadenhaftes Moment hinzu, das den, der es erfährt, dankbar sein lässt. Und hier taucht ein eigenartiges Geheimnis auf: Wer dankbar ist für all das, was ihm zugefallen ist, wird Glück erfahren.

5. Weisheit: Reifen für die Kinder

Ein Priester, der viele Jahre lang Beichte gehört hatte, wurde von einem englischen Theologen gefragt: „Und was hast du über die menschliche Natur gelernt in all diesen Gesprächen über die vielen Jahre hinweg?" Der Angesprochene überlegte einen Moment und sagte dann: „Ich habe gelernt, dass es keine Erwachsenen gibt."
Tief, einfach und ernüchternd. Ein erwachsener Mensch ist ein reifer Mensch. Ein Mensch, der Fehler zugeben, mit Grenzen umgehen, an einem Neuanfang arbeiten kann, Geduld gelernt und Seelenstärke erworben hat. Ein Kind weiß nicht um den Preis, der für Entscheidungen zu entrichten ist, ein Kind will nicht wahrhaben, dass manche Dinge unwiederbringlich verloren gehen können, dass es im Leben das Unumkehrbare gibt. Reife ist die Fähigkeit anzuerkennen, was ist. Der erwähnte Priester spricht von seiner Erfahrung, dass wir Menschen immer wieder in dieselben Fallen stürzen, wenig an uns selbst arbeiten, um zu wachsen, dass wir träge und bequem sind, den Weg des geringsten Widerstands zu gehen pflegen, uns von Schuld und Versagen abschütteln wollen wie ein nass gewordener Hund. Ich erinnere mich an einen Politiker, der nach verlorener Wahl hemmungslos vor der Kamera geweint hat und beteuerte, dass er doch nur das Beste gewollt habe. Ich habe mich selbst auch nach dem Verlust meiner ge-

liebten Position in solchen Einstellungen verfangen und an mir solche Reaktionen wahrgenommen – ein Nicht-Wahrhaben-Wollen des Verlorenen, ein Nicht-Wachsen-Wollen an den Umständen, einen dringlichen Wunsch nach Rückerstattung, wie er im Schreien eines Kindes zum Ausdruck kommt, dem man in der Sandkiste sein Spielzeug weggenommen hat.

In dieser Situation machte ich auch die Erfahrung, wie wichtig es ist, an sich zu arbeiten, wenn man Kinder hat. Vor den eigenen Kindern kann man sich nicht hinter der „Reifefassade" einer beruflichen Rolle verstecken. Die Kinder werden Opfer eigener Unreife, wenn man nicht zu wachsen bereit ist, zu wachsen durch harte Arbeit an sich selbst. Wer Verantwortung für andere trägt, wird wohlberaten sein, den Weg des Wachsens und Reifens einzuschlagen. Wer sich darum bemüht, macht Schritte auf dem Weg zur Weisheit. Der Begriff der Weisheit hat viele Denker beschäftigt, und es wird sich nicht vermeiden lassen, einige Namen zu nennen:

Weisheit könnte als die Fähigkeit charakterisiert werden, das Leben im Ganzen zu sehen. Aristoteles charakterisiert in seiner *Nikomachischen Ethik* den *phronimos*, den Menschen mit Lebenserfahrung und sittlicher Klugheit, als einen Menschen, der seine Qualität darin zeigt, „dass er wohl zu überlegen weiß, was ihm gut und nützlich ist, nicht in einer einzelnen, sozusagen technischen Hinsicht …, sondern in Bezug auf das, was das menschliche Leben insgesamt gut und glücklich macht". Weisheit unterscheidet sich von Spezialwissen. Es hat mit einem Blick für Proportionen und Zusammenhänge zu tun, mit der

Fähigkeit, Dinge einzuordnen und mit Sinn für das Leben im Ganzen zu betrachten. Der weise Mensch besitzt die Gabe der *discretio*, die Gabe also, zwischen Wesentlichem und Unwesentlichem zu unterscheiden. Thomas von Aquin charakterisiert Weisheit als Befähigung zu einem rechten und umfassenden Urteil, d. h. zu einem Urteil, das nach dem höchsten Horizont ausgerichtet ist. Weise Urteile sind ganzheitliche Urteile, also Urteile, die nicht nur kalte Daten, sondern auch warme Faktoren berücksichtigen. Nach Bonaventura hat die Weisheit ein Moment des Gefühlsmäßigen, ist Integration von Erkennen und Wahrnehmen.

Der lateinische Begriff der „*sapientia*" hängt nicht von ungefähr mit „*sapor*" zusammen. Weisheit spricht also den „Geschmack für das Leben" an, „das Gespür für das rechte Leben". Um dieses affektive Moment ist es auch Salomo zu tun, der sich eine „vernehmende Vernunft, ein Gespür für die Wahrheit" (Gerhard von Rad) wünscht. Diese Weisheit soll es ihm ermöglichen, Rat zu erteilen und Urteile zu fällen, im Bewusstsein des Gewichts einer Situation. In der Kenntnis Letzterer kann ein weiser Mensch auch Rat erteilen. Es ist hier nicht ein „billiger Rat" gemeint, der Verantwortung abschiebt („Du musst es selbst verantworten, ich kann dir hier nichts raten") oder der oberflächlich bleibt. Selbst wenn Kinder den Rat der Eltern nicht immer suchen, sind die Fähigkeiten, die zum Erteilen eines Rates gehören, für die Erziehung unerlässlich. Es ist diese Weisheit, die uns Kinder nach der ersten schulischen Niederlage, nach dem ersten Liebeskummer, nach ersten beruflichen Enttäuschungen verstehen und trösten lässt – verstehen aufgrund eigener Erfahrungen und trösten aus dem Blick auf das Leben im Ganzen. Der weise Mensch vermag es, einzelne Situationen und Episoden einzuordnen in ein Mosaik des Lebensganzen und von da aus auch zu relativieren. Der weise Mensch hat also ein bestimmtes Lebensgefühl. Dieses Gefühl ist verlässlich, weil ein weiser Mensch mit Seelenstärke und innerer Kraft in wechselnden Umständen bestehen kann. Im Gegensatz zum Weisen steht der Tor, den wir uns als aufgeregt und unruhig vorstellen können, als jemanden, der „in Läppisches vergafft" ist (Ernst Bloch), dessen Sinne abgestumpft sind, dessen Aufmerksamkeit herabgesetzt ist. Weisheit hat damit zu tun, die Tiefe des Lebens zu erkennen und anzuerkennen. Der Blick für das Wesentliche, den die Weisheit eröffnet, zeigt sich gerade in der Fähigkeit und Bereitschaft, sich mit den größten Dingen abzugeben. Nach Augustinus ist es ein Zeichen von Weisheit, sich mit dem höchsten Gut zu beschäftigen. In diesem Sinne kann Weisheit als „Wichtigkeitswissen" verstanden werden, das sich von lehr- und lernbarem „Richtigkeitswissen" unterscheidet. Dieses Wichtigkeitswissen ist persönliches Wissen, man könnte auch sagen: Lebenswissen, das Teil der Persönlichkeit geworden ist.

Die Suche nach Weisheit, so scheint es, hat mit der Suche nach einer konkreten Wahrheit zu tun, nach einer Wahrheit, die wesentlich an Personen und Situationen haftet. Weisheit ist mit der Persönlichkeit verbunden, der weise Mensch steht mit seiner ganzen Persönlichkeit für seine Weisheit ein. Weisheit ist daher auch nicht mit bestimmten Disziplinen verknüpft, was Ernst Bloch auf den Punkt gebracht hat: „Es gibt keinen weisen Insektenforscher, soll heißen, keinen, der weise ist, weil er Insektenforscher ist, wohl aber den weisen Arzt oder Richter, und zwar entscheidend deshalb, weil diese in allem speziellen Vielwissen jene Besonnenheit und Übersicht praktizieren, die eben nicht aus Spezialistentum, sondern aus dem Vielwissen ums *Wesentliche* ... stammt." Es handelt sich bei Weisheit um ein „tiefes", weil durch eigenes Erleben und Erleiden gedecktes und entsprechend schwer erreichbares Wissen. Der weise Mensch weiß um die Tiefe des Lebens. Weisheit kann nicht aus „Prüfungsstoff" zusammengesetzt sein und im Rahmen von Kursen demonstriert werden. Aus diesem Grund wird Weisheit mit Lebensalter und Lebenserfahrung in Zusammenhang gebracht. Romano Guardini beschreibt sie als Frucht des Alters, Seneca als Frucht eines „gut gelebten Lebens". Nach Konfuzius ist das Wesen der Weisheit die Menschenkenntnis. Der weise Mensch ist der alte Mensch, der Mensch, der aus einem reichen Schatz erlittener und gemachter Erfahrung Wesentliches gelernt hat. Dies wird auch im Weisheitsverständnis Israels deutlich: „Wenn jemand nach reicher Erfahrung strebt: Sie kennt das Vergangene und errät das Kommende." (Wsht 8,8) Weisheit ist eine Eigenschaft eines Menschen, der auf der Grundlage von Erfahrung auf viele Beispiele zurückgreifen kann, aus denen er Wesentliches gelernt hat und daher die Dinge einzuordnen versteht.

Weisheit ist Wissen um das Leben als Ganzes und damit auch ein Wissen um gelingendes Leben. Leben gelingt nicht dadurch, dass man sich fehlerfrei durch den Parcours des Daseins hindurchmanövriert, sondern dass man mit Fehlbarkeit und Begrenztheit zurechtkommt. Weisheit als Wissen um menschliches Leben könnte man auch als die Fähigkeit charakterisieren, mit Grenzen umzugehen – mit den eigenen Grenzen, mit den Grenzen der Mitmenschen und mit den Grenzen der Gemeinschaft, in der man lebt. Der weise Mensch weiß, dass es ein Zuviel geben kann – ein Zuviel an Arbeit, an Anstrengung, an Ambition – und auch ein Zuwenig – ein Zuwenig an Idealen und Zielen, Überzeugung und Bindung. Weisheit hat damit zu tun, Verwundbarkeiten, Gebrechlichkeiten, Unvollkommenheiten anzunehmen und wesentliche Fragen unter „unidealen Bedingungen" stellen zu können. Weisheit kann auch als Form der Selbstbeschränkung verstanden werden, als eine Form der Versöhnung mit nur begrenzt genutzten Möglichkeiten im eigenen Leben, als eine Weise, mit sich selbst und eigenem Scheitern ins Reine zu kommen. Ich möchte meinen Kindern kein Vater sein, der sie mit eigenem Scheitern belastet. Ich möchte so weit kommen, dass ich zu einer Weisheit wachse, die eigene Niederlagen dankbar annehmen kann, weil daraus Wesentliches gelernt werden kann. Und ich möchte meinen Kindern ein Vater sein, der aus dem Blick auf das Leben als Ganzes es nicht zulässt, dass bestimmte Situationen und Fehler eine Bedeutung und ein Gewicht bekommen, das ihnen nicht zusteht. So ist wohl auch Weisheit mit Gelassenheit gegenüber dem Weg der eigenen Kinder verbunden – und damit wiederum mit der tieferen Ahnung, wie man durch die eigenen Kinder eingeladen ist zu wachsen.

6. Gott: eine unglaubliche Geschichte

Yann Martel veröffentlichte im Jahr 2001 den mit dem Booker-Preis gekrönten Roman *Life of Pi*, auf Deutsch: *Schiffbruch mit Tiger*. Dieses Buch kündigt schlicht folgendes Unternehmen an: „Ich habe eine Geschichte, die Ihnen den Glauben an Gott geben wird." Was ist das Besondere an dieser Geschichte, dass sie den Glauben an Gott geben wird? Es ist eine einzigartige Geschichte, schier unglaublich, mit der Überzeugungskraft dessen, der erlebt und erlitten hat, erzählt. Die Tiere eines Zoos sollen per Schiff übersiedelt werden, die Arche erleidet Schiffbruch, der Knabe namens Pi findet sich auf einem Rettungsboot mit einem Tiger wieder. Es ist eine Geschichte, die das Leben in seinen Facetten und Konturen zeigt: Hier ist die Rede von Gewalt und Leidenschaft, von existentieller Angst und der Hoffnung auf Leben, dem Kampf ums Überleben, der Macht der Natur, dem Erfindungsgeist und der Entschlossenheit in Notsituationen, der Suche nach Gott und dem Nachdenken über das, was das Leben ausmacht. Die Geschichte führt die Weite des menschlichen Lebens vor Augen, eines menschlichen Lebens, das ausgezogen ist aus Wohnzimmern mit Fernsehern und dem Ideal des „Wohllebens". Wir finden hier Umstände vor, in denen die Suche nach Gott nicht mehr zugedeckt ist von Zeitungen und Steuererklärungen, schläfrigen Winternachmittagen und reichhaltigen Sonntagsfrühstücken.

Die Botschaft ist schlicht: Eine unglaubliche Geschichte kann dir von der Kraft des Glaubens erzählen. Die Suche nach Gott gibt dem Leben eine Tiefe, die es sonst nicht hätte. Der große Theologe Karl Rahner hat immer wieder darauf hingewiesen, dass ein tiefes Leben, ein Leben auf der Suche nach dem letzten Sinn, der Gottesfrage nicht ausweichen kann. Was ist die Gottesfrage? Ist es die Frage danach, ob es Gott gibt, ob Gott lebendig ist? Ist es die Frage, ob Gott sich um uns sorgt und seine schützende, fügende Hand über uns hält? Ist es die Frage, ob Gott uns liebt? Wohl all das zusammen. Die Gottesfrage, wie immer man sie stellt, ist keine akademische Frage, keine Frage, die mit den Waffen eines Streitgesprächs entschieden werden könnte. Der tiefste Glaube, den ich kenne, ist der selbstverständliche Glaube an die selbstverständliche Gegenwart Gottes. In solchen Glauben wird man nicht durch Argumente hineingeführt, sondern durch eine bestimmte Form des Lebens. Wir bemühen uns, unseren Kindern die selbstverständliche Gegenwart und Sorge Gottes nahe zu bringen. Das soll sie nicht daran hindern, Fragen zu stellen, später auch den Glauben selbst in Frage zu stellen. Aber sie können die Frage nach Gott auf dem Hintergrund erfahrener Lebensform in anderer Weise stellen.

Dieser Umstand ist auch religionsphilosophisch interessant. Das Ringen mit Gott gewinnt eine Tiefe, wenn man die Welt des Glaubens kennt. Es gewinnt eine Tiefe, wenn es aus der Welt des Glaubens angegangen wird.

Denn mit dem Leben im Glauben hören die Fragen nicht auf. Denken wir an das so genannte Theodizee-Problem, also an die Frage, wie die Güte Gottes mit dem Leiden in der Welt vereinbart werden könne. Dieses Problem kann auf drei Stufen behandelt werden: erstens aus der Sicht des Nichtgläubigen, der sich um eine „neutrale Sicht" bemüht und die Frage wie ein philosophisches Problem mit entsprechenden spekulativen Werkzeugen angeht; zweitens aus der Sicht des Gläubigen, der sich in gesicherten Lebensverhältnissen befindet und die Frage mit einem gewissen Wohlwollen Gott gegenüber und mit einer bestimmten Bereitschaft, Gott zu „verteidigen", betrachtet; drittens schließlich aus der Sicht eines gläubigen Menschen, der sich in einer schwierigen Situation, vielleicht sogar Notlage befindet. Auf dieser Stufe wird das Theodizee-Problem zu einer tiefen, die eigene Identität und die eigenen Grundüberzeugungen bestimmenden Frage. Mir fallen hierzu zwei Beispiele ein: André Frossard, ein französischer Journalist, der eine Gottesbegegnung in einer französischen Kathedrale hatte, erzählt, dass er zwei seiner Kinder begraben musste – ohne über den Trost des Zweifels an der Existenz Gottes zu verfügen. C. S. Lewis, der berühmte englische Autor, hatte den Tod seiner Frau Joy zu verkraften. Er war lange Jahre Junggeselle gewesen, hatte dann eine Amerikanerin kennen gelernt, der er sich zunächst „wie ein Gentleman" verbunden gefühlt hatte. Seine Gefühle zurückhaltender Ritterlichkeit wurden zu tiefer Liebe, als diese Frau an Krebs erkrankte. In dieser tiefen Liebe heiratete er sie in kirchlicher Zeremonie, sie erholte sich auf eine hoffnungsvolle Weise für zwei Jahre.

Es waren die beiden glücklichsten Jahre seines Lebens. Inmitten dieser Zeit erlitt Joy einen Rückfall, infolge dessen sie binnen weniger Monate starb. C. S. Lewis ist ins Mark getroffen und ringt mit Gott: „Ich habe nicht Angst, den Glauben an Gott zu verlieren, ich habe Angst, dass ich anfangen könnte, schreckliche Dinge über Gott zu glauben." Hier wird die Frage nach Gott zu einem ehrlichen Ringen, zu einem Ringen, bei dem es um das Ganze des Lebens geht. Diese leidenschaftliche Gottsuche führt uns auch die erwähnte Geschichte von Pi mit seinem Tiger vor Augen.

C. S. Lewis ringt sich dazu durch, anzuerkennen, dass Gott nicht in Schubladen eingeordnet werden könne, dass Gott die Bilder, die wir uns von ihm machen, übersteigt, dass Gott nicht verstanden werden könne und dass gerade darin das Unermessliche der Gottesfrage liege. Sein Ringen mit dem Verlust der Liebe seines Lebens endet mit dem tiefen Gedanken: „Wir können es nicht verstehen. Das Beste ist vielleicht das, was wir am wenigsten verstehen." Wer den Blick auf Gott richtet, stößt an Grenzen, Konturen eines Mysteriums und wird in Leidenschaftlichkeit und Tiefe mit einem Geheimnis leben. Wer an das Geheimnisvolle und Unergründliche zu glauben bereit ist, hat einen wichtigen Schritt auf der Suche nach Gott getan. In einer Welt der Ernüchterung scheint eine besondere Verantwortung darin zu liegen, das Unverstehbare und Geheimnisvolle zu hüten und Kindern einen Sinn für das Mysterium zu vermitteln, das nicht wie eine Frage beantwortet oder wie ein Rätsel gelöst werden kann. Anzuerkennen, dass Gott ein

Geheimnis ist, heißt nicht, dass Gott ein kaum zu berechenbarer Faktor in der Lebenskalkulation ist, sondern dies bedeutet anzunehmen, dass das Leben schlechthin unter dem Vorzeichen des Mysteriums steht und die ersten und letzten Dinge Geheimnis bleiben. Das anzuerkennen fällt schwer. Leben mit Unauflösbarem kann schmerzhaft sein, wenn uns Lösungen auf existentielle Fragen verweigert werden.

Die Frage nach Gott zwingt dazu, den Blick auf das Leben als Ganzes zu richten. In diesem Sinne gibt der religiöse Glauben dem Leben eine Tiefe, die es sonst nicht hätte. Der Religionswissenschafter Mircea Eliade hat hervorgehoben, dass der religiöse Mensch in seinem Leben über eine zusätzliche Dimension verfügt: Ein heiliger Stein ist ein Stein, aber für einen religiösen Menschen bekommt dieser Stein noch eine über das Natürliche hinausgehende Tiefe, die in eine Welt des Unsichtbaren und Mächtigen blicken lässt. Ein geglücktes Leben ist, so lernen wir aus so vielen religiösen Traditionen, ein Leben, das sich auf die Suche nach Gott einlässt, das der Gottesfrage nicht ausweicht und das Religiöse ernst nimmt. Das ist gar nicht selbstverständlich.

In den letzten Monaten ist mir aufgefallen, wie die meisten von uns, die wir uns Christen nennen, einen oberflächlichen Glauben leben, der wie ein „Deismus" funktioniert. Man geht davon aus, dass Gott die Welt geschaffen hat, aber in der Zwischenzeit liegt es an uns zu schalten und zu walten und erst gegen Ende unseres Lebens, zumal in der Sterbestunde, wird Gott wieder zu einem Handelnden. Der Glaube daran, dass Gott kraftvoll wirkt und eingreifen kann, hier und jetzt, der Glaube daran, dass Gebete erhört werden und mächtig sind, der Glaube an die selbstverständliche Gegenwart und Nähe Gottes, der sich ernsthaftem Fragen und Suchen und Ringen nicht verschließt, ist rar. Aber erst solcher Glaube lässt anerkennen, dass Gott das Leben ist und die Liebe und Inbegriff von Kraft, nicht ein besonders großer Stein oder ein Heizraum, in dem sich der Weltmechanismus befindet. Was solchem trockenen Glauben fehlt, ist der entscheidende Funke, der dem Leben Feuer und Licht gibt. Yann Martel schreibt in dem eingangs erwähnten Roman, dass er einen Romanentwurf schon beinahe fertig gestellt hat, die Recherchen sind abgeschlossen, die Handlung ist durchdacht, die Figuren sind konturiert. Und doch dämmert die schreckliche Wahrheit, dass aus all diesen Zutaten und nach all diesen Vorbereitungen nichts mehr daraus wird: „Es fehlt etwas, es fehlt der Funke, der die Geschichte wirklich zum Leben erweckt." Geht es uns manchmal nicht auch so: Unsere Lebensentscheidungen sind getroffen, die Koordinaten abgesteckt, das Weltbild verfestigt, sogar unser Glaubensleben geordnet – aber es fehlt der Funke, der das Leben mit Kraft erfüllt, ein Funke, der überspringen kann. Gerade im Religiösen ist das Lauwarme besonders verwerflich, ist doch Glaube, der nicht um die Größe dessen, worum es geht, weiß, eine Form des Unglaubens. Ein geglücktes Leben ist ein Leben, das die Frage nach Gott ernst nimmt, wohl auch ein Leben, das diese Gottsuche mit den menschlichen Vermögen der Nüchternheit und der Erdverbundenheit, der Vernünftigkeit und damit schließlich der Demut angehen lässt.

Ein geglücktes Leben weist jenen Funken auf, der dem Leben Kraft und Tiefe gibt. Das hat damit zu tun, sich in etwas Größeres einordnen zu können, das nicht in allem verstehbar ist und das nicht aufgelöst oder ausgeschöpft werden kann. Kinder sagen viel über das Mysterium des Lebens aus – denn selbst wenn wir sie eine Zeit lang an der Hand nehmen dürfen, haben wir sie nicht in der Hand. Und doch ist das unsichtbare Band zwischen Eltern und Kindern mehr als das, was durch die Verbundenheit menschlicher Hände zustande kommt.

Ein fruchtbares Leben

7. Der Preis der Gleichgültigkeit

Manche Sätze lähmen und schwächen. Sätze wie „Es hat keinen Sinn", „Es interessiert mich nicht", „Ich habe keine Lust", „Es ist mir egal" haben es an sich, dass sie die Kraft und den Mut zum Handeln nehmen. Ich kann mich an ein Gespräch mit einer Bekannten erinnern, in dem wir über Zukunftsmöglichkeiten sprachen. Was mich in diesem Gespräch frustrierte, war unsere Unfähigkeit, an einen Punkt zu kommen, an dem sich bei ihr ein Leuchten der Augen, ein Aufblühen der Seele, Begeisterung, Interesse und Engagement gezeigt hätten. Das ist ernüchternd. Es ist unbezahlbar, wenn man weiß, wofür es sich zu leben lohnt, wenn man weiß, was begeistert und am Leben erhält. Ein geglücktes Leben ist als Leben voll dieser Kraft, die der Welt und anderem Leben gerade nicht gleichgültig gegenüberstehen lässt. Ein Leben, das fruchtbar ist und wirkt, baut auf Entscheidungen auf, die mit Nachdruck getroffen worden sind und auch verteidigt werden. Fruchtbarkeit zeigt sich an starken und tiefen Überzeugungen, die erst den langen Atem für schwierige Unternehmungen liefern.

Ich kann mich an manchen Sonntagnachmittag in meiner Kindheit erinnern, muss ich zu meiner Schande gestehen, an dem ich an Langeweile litt. Langeweile ist eine Schande in einer Welt, in der so viel getan werden kann und getan werden muss. Langeweile ist Ausdruck von Gleichgültigkeit. Wer liebt, kann sich die Bequemlichkeit des Gleichgültigen nicht mehr leisten. Ich will meinen Kindern an keinem Punkt die Botschaft geben, dass sie mir gleichgültig wären. Ein amerikanischer Pfarrer hat einmal zu mir gesagt, er bemühe sich nach Kräften, den berühmten und zerstörerischen Satz zu vermeiden, der da lautet: „*I do not care*", es ist mir egal. „*Carelessness*" steht für Sorglosigkeit, Unbekümmertheit, Ignoranz, Gleichgültigkeit. Der israelische Philosoph Avishai Margalit hat einmal geschrieben, dass wir Moral brauchen, um gegen unsere Gleichgültigkeit anzukämpfen. Der Feind der Sorge ist die Gleichgültigkeit, eine Einstellung, vor der Differenzen verschwinden, das Besondere nicht in seiner Eigenart gewürdigt wird. Ein Mensch, der sich der Gleichgültigkeit verweigert, ist ein sorgender Mensch. Das Wort „Sorge" ist doppeldeutig und meint einerseits so etwas wie „Fürsorge" und andererseits ein ängstliches Besorgtsein. Diese beiden Aspekte hängen zusammen, denn wenn man für jemanden sorgt, ist man mitunter auch ängstlich besorgt. In Otfried Preusslers schönem Buch „*Krabbat*" erkennt eine Liebende den Geliebten daran, dass er in einer Situation der Gefahr Angst um sie hat. Hier wird die Einsicht vermittelt: Ich erkenne deine Liebe an der Sorge, die du mir schenkst. Wer sich um jemanden sorgt, will das Wohl dieses Menschen, den er als „mir anvertraut" erlebt. Die Haltung der Sorge freilich, zu der wir mit Blick auf unsere kleinen Kinder ermuntert werden, ist vor allem die Haltung der Fürsorglichkeit. Sorge in diesem Sinn ist eine Haltung, die man umschreiben kann mit den Worten: sich kümmern, behüten, achten, bewahren.

Sorge, Sorgsamkeit und Sorgfalt sind Pfeiler, die sich der Indifferenz entgegenstemmen. Im Grunde ist es die Gleichgültigkeit, die uns unfähig macht zu lieben; weil sie uns unfähig machen soll zu leiden. Wir stumpfen angesichts der Schreckensnachrichten naturgemäß ab, flüchten uns in eine Haltung sorgsam gepflegter Ohnmacht, die wir mit der Einsicht in das unermessliche Ausmaß des allgemeinen Elends nähren. Gleichgültigkeit ist eine große Versuchung, die mit Zynismus zu tun hat.

Mitunter verwechseln wir Reife und Gleichgültigkeit. Es muss kein Zeichen von Reife sein, wenn man angesichts von Nachrichten über Kriege, Hunger und Folter ruhig und gelassen bleibt. Manchmal ist die angemessene Reaktion auf die Gestalt der Welt der Zorn. Es ist Zeichen von Menschlichkeit, Gleichgültigkeit überwinden und Indifferenz ablegen zu können. J. M. Coetzee schildert in seinem Roman *Warten auf die Barbaren* einen Elitesoldaten, der auf Folterungen spezialisiert ist und sich durch Unerschütterlichkeit auszeichnet, durch den simplen Umstand, dass ihn nichts rühren kann. Menschlichkeit hat damit zu tun, dass sich ein Mensch von einem anderen Menschen rühren lassen kann. Dies erfährt die Hauptfigur des Romans im Umgang mit einem Folteropfer, einer jungen Frau, die gleichmütig alles mit sich machen lässt. Diese Indifferenz macht ihm zu schaffen: „Ich bin beunruhigt. ‚Was muss ich tun, um dich zu rühren?' – das sind die Worte, die ich in meinem Kopf als unterschwelliges Gemurmel höre, das allmählich eine Unterhaltung ersetzt. ‚Kann dich denn keiner rühren?'" Es ist Signatur des Menschlichen, dass es einen Unterschied macht, wie ein Mensch einen anderen Menschen behandelt. Menschlichkeit hat mit Rühren und Berühren zu tun. Dem entspricht die Beobachtung, dass sich Strukturen der Unmenschlichkeit durch Indifferenz etablieren können.

Leben ist Widerstand, Liebe ist Widerstand. Wollen wir senile Opabonbonliebe? C. S. Lewis denkt an einer Stelle über die Frage nach Gott angesichts des menschlichen Leids nach. Wollen wir einen Gott, der uns immer nur das gibt, was wir wollen, wie ein freundlicher, seniler Großvater, der den Enkelkindern ohne Rücksicht auf deren Zähne oder Verdauungssystem jedes Mal Bonbons gibt, wenn sie danach fragen? Eine solche Liebe mag angenehm sein, weil sie uns keinen Widerstand entgegensetzt. Eine solche Liebe ist aber gleichzeitig gleichgültig, sorglos, mit nur jenem allgemeinen Wohlwollen ausgestattet, das nicht auf die Besonderheit einer bestimmten Person blicken lässt. Liebe bietet Widerstand. Liebe widersetzt sich der Gleichgültigkeit. Das gilt auch für die Liebe, die wir unseren Kindern schenken. Dass es keine senile Opabonbonliebe ist, wird für die Eltern einen Weg gehörigen Widerstands bedeuten.

Ein bedeutsamer Nährstofflieferant für die Gleichgültigkeit ist die Selbstgefälligkeit. Menschen, die bei aller Liebenswürdigkeit davon überzeugt sind, im Leben alles richtig gemacht zu haben, haben etwas Anstrengendes. Es ist auffallend in der Geschichte der Heiligen, dass mit höherem Grad der Heiligkeit höhere Einsicht in das eigene Fehlen verbunden ist. Ich möchte jetzt schon für meine Kinder festhalten, dass ich nicht die Überzeugung hege, alles richtig gemacht zu haben, weder im Leben noch im Umgang mit meinen Kindern. Ein Mensch, der gegen Abstumpfung, Sensibilitätsverlust und die Gleichgültigkeit kämpft, ist ein Mensch der Selbsterneuerung. Der langjährige Generalobere der Jesuiten, Pedro Arrupe, hat Menschen mit Führungskraft als Menschen der Selbsterneuerung charakterisiert, als Menschen also, die an sich selbst arbeiten, die immer wieder einen prüfenden Blick auf das eigene Leben werfen, die bereit sind, Neues zu lernen, Altes in Frage zu stellen und sich regelmäßig aus dem Ablauf des Alltags zurückziehen. Eine hilfreiche Frage auf dem Weg zur Selbsterneuerung ist auch die Frage nach den eigenen Prioritäten. Man kann sich etwa fragen: Wenn du nochmals von vorne anfangen könntest – welche von den Dingen, die du getan hast oder tust, würdest du wieder tun? Oder anders gefragt: Was würdest du nicht mehr machen, wenn du es nicht schon angefangen hättest? Ein Mensch, der an der eigenen Selbsterneuerung arbeitet, hat keine Scheu, diese Fragen zu stellen.

8. Besondere Bindungen: Die Gabe der Freundschaft

Ist ein „Mann ohne Eigenschaften" ein Mann, der keine Bindungen eingehen kann? Oder anders gefragt: Angenommen, Sie müssten Ihre Heimat verlassen und müssten im Exil leben. Was wäre das Mühsame an dieser Erfahrung? Wenn Sie im Exil wohl versorgt, ausgelastet und erfüllt sind, werden es die kleinen Dinge sein, die Ihnen ständig vor Augen führen, dass Sie sich im Exil befinden. Verwurzelung entsteht durch viele kleine Schritte in viele kleine Dinge hinein. So entsteht ein dichtes, verästeltes Gewirr von Vertrautheiten und Gewohnheiten. Die Bindung an einen Ort ist ähnlich wie die Bindung an einen Menschen – sie gibt Heimat und diese Dimension des Heimatlichen verleiht unserem Leben etwas Bestimmtes, Besonderes, Unverwechselbares. Sie erfüllt uns also mit Eigenschaften.

Jemanden zu lieben heißt, Heimat schenken zu wollen. Eine Hochzeit ist das Ereignis, an dem zwei Menschen offen und öffentlich sagen, dass sie ineinander Heimat und ein Zuhause gefunden haben. Man sagt ja auch manchmal, dass man in den „Hafen der Ehe" einläuft. Und das ist eigentlich ein schönes Bild, heißt es doch, dass eine Suche zu Ende gegangen ist. Heimat ist ein wichtiges Bild für eine Bindung aus Liebe. Hier werden

Wurzeln geschlagen, hier kann mit vielen kleinen Schritten langsam Bleibendes entstehen. Heimat ist ein Ort, an dem Wachstum möglich ist, ein Ort, an dem man blühen und reifen kann, an dem Fehler und Versuche möglich sind. Heimat ist auch ein Ort, der jene Sicherheit gibt, die Reisen ermöglicht, ohne sich in Rast- und Ruhelosigkeit zu verlieren. Eine Bindung durch Liebe ermöglicht Unterwegssein, weil hier Anfang, Bezug und Ziel gegeben sind. Ein Zuhause ist auch ein Ort, den man mitnimmt, wo immer man hingeht. Man kann seine Heimat nicht verleugnen. Ein Zuhause ist schließlich auch ein Ort, an den man gerne zurückkommt, auf den man sich freut. Ein Ort, der Wärme ausstrahlt, wenn es draußen kalt ist, ein Ort, auf den man sich freut und den man schon von weitem sieht. Die Bindung an einen Menschen kann heimatstiftend sein. Wenn es Zeichen eines geglückten Lebens ist, um seinen Platz im Leben zu wissen, dann ist ein geglücktes Leben eines, das auf die Frage „Wo wohnst du?" antworten lässt: „Komm und sieh."

Ein reifer und menschenfreundlicher Mensch kann tiefe Bindungen eingehen, die nicht einfach abgelegt werden können wie ein schmutziges Hemd. Der bindungsfähige Mensch ist dabei stets mit Anfechtungen konfrontiert, denen auch der Patriot ausgesetzt ist – mit der Gefahr der Enge sowie der Abwertung des Fremden. Der größte Einschnitt in meinem Leben waren die Geburten unserer Kinder. Wenn man Verantwortung für ein Kind übernimmt, tritt man in eine Rolle ein, die man nicht mehr verlässt, die also Teil der eigenen Identität geworden ist. Ich erinnere mich noch gut an die Geburt von Magda-

lena, die ich sehr vorsichtig und sehr ängstlich in meinen Armen gehalten habe, um ihr leise zu versprechen, dass ich ihr helfen wolle, die Welt in ihrer Buntheit und Schönheit zu entdecken. Durch ein Kind entsteht nicht nur eine Bindung an einen Menschen, sondern auch eine neue Bindung ans Leben. Es geschieht durch Bindungen, dass wir einen Platz im Leben finden. Wir binden uns an einen Partner, eine Partnerin, wir binden uns an einen Beruf, wir binden uns an einen Wohnort, wir binden uns an Freundinnen und Freunde. Durch Bindungen bekommt das Leben Profil und Kontur, Stabilität.
Die Bindung an ein Kind ist ein großer Auftrag. Das wird uns etwa bewusst, wenn wir den Satz lesen: „Obwohl ich erst sieben Jahre alt war, als mein Vater starb, kann ich mich noch gut an ihn erinnern …" Es liegt zu einem guten Teil an uns, wie sich unsere Kinder an uns erinnern werden, was wir ihnen mitgeben können ins Leben, was wir ihnen durch das Zeugnis unseres Lebens nahe bringen können über ein geglücktes Leben. Es ist Zeichen eines reifen Menschen, dass er Bindungen eingehen kann. In Aldous Huxleys Roman *Schöne Neue Welt* sind tiefe emotionale Bindungen verpönt. So verwundert es nicht, dass dieses Buch ein Szenario einer infantilen Welt zeichnet, die primär auf Lustbefriedigung ausgerichtet ist. Das Geheimnis eines erfüllten, fruchtbaren Lebens sind hingegen in vielen Fällen tiefe Bindungen. Soziale Ausgrenzung ist demgegenüber ein Herausfallen aus Bindungen, ein Verweigern von Bindungen.
Eine besondere Bindung sind Freundschaften. Sie gehören zum Wertvollsten, was wir in unserem Leben finden

und schenken können. Auch hier haben Kinder uns viel zu sagen: Ein Einschnitt im Familienleben unserer Zeit ist der Eintritt der Kinder in die Institutionen Kindergarten und später Schule. Diese Schwelle hinaus in das Leben und die Welt ist von der Sorge begleitet, dass die Kinder ja Freunde finden mögen. Der schönste Kindergarten kann ohne Freunde öde sein, der bemühteste Lehrer kann die Welt eines Kindes, das in seiner Klasse keine Freundin oder keinen Freund gefunden hat, kaum aufhellen. Wie dankbar wir sind, wenn unsere Kinder Freunde finden, „gute" und „richtige" Freunde! Gute Freunde sind wohl solche, die zu uns halten, auch wenn die Tage schwierig sind; richtige Freunde sind wohl solche, die uns helfen, das Beste aus uns herauszubringen, im Menschsein und in der Menschlichkeit zu wachsen. Wir sind so dankbar, wenn unsere Kinder Freunde finden, die sie nicht beeindrucken zu müssen glauben, denen sie nichts vorzumachen haben, bei denen sie zu sich kommen können. Wir wünschen unseren Kindern von Herzen Freunde, die ihnen ihren Wert vor Augen führen können. Ein Freund sieht im anderen etwas Gutes, Wertvolles, etwas, das um seiner selbst willen geliebt wird. Freundschaft schenkt die Freude, dass man am Leben ist, oder auch: dass das eigene Leben einem wichtigen anderen Menschen Freude bereitet. Freundschaft verändert und formt, prägt. Tiefe Freundschaft bringt das Gute in einem Menschen zum Vorschein.

Freunde werden gefunden, nicht erzeugt und nicht entdeckt. Freundschaft ist nicht das Ergebnis einer unvermittelten Entdeckung und auch nicht das Resultat eines sorgsamen Konstruktionsprozesses, einer bestimmten Technik. Dale Carnegies berühmtes Buch *Wie man Freunde gewinnt* sagt viel darüber aus, was wir von einem Freund erhoffen und erwarten, was wir von uns selbst erwarten sollen, wenn wir uns freundschaftlich verhalten sollen. Das ändert aber nichts daran, dass sich Freundschaft nicht jenseits der eigenen Charakterbildung herstellen lässt. Selbst wenn eine Freundschaft ein Kunstwerk sein mag und das Pflegen einer Freundschaft eingedenk des berühmten Gedankens von Erich Fromm funktioniert, dass das Lieben eine Kunst ist, so ist das Wissen um Freundschaft doch kein „Herstellungswissen". Freundschaftsfähigkeit ist dennoch nichts Selbstverständliches. In vielen Traditionen ist es das Zeichen eines guten Menschen, dass er Freundschaften pflegen kann. Wir könnten versuchen, uns mit dem Gedanken anzufreunden, dass ein geglücktes Leben ein Leben ist, das sich durch die Fähigkeit zu tiefen Freundschaften auszeichnet. Freundschaftsfähigkeit schließt das Vermögen ein, sich zurückzunehmen und das Selbst auf den anderen hin zu erweitern. Freundschaftsfähigkeit schließt Aufrichtigkeit und auch die Disziplin, Regelmäßigkeit zu pflegen und anrufbar zu sein, ein. Freundschaftsfähigkeit hat mit der Bereitschaft zu tun, Wachstum und Entwicklung zuzulassen, sich auszuliefern und die dadurch entstehende Verletzbarkeit auszuhalten.

Tiefe Freundschaften entstehen langsam. Wir können das aus der berühmten Begegnung zwischen dem Fuchs und dem Kleinen Prinzen aus Antoine de Saint-Exupérys *Kleinem Prinzen* lernen. Die beiden wollen Freunde werden, machen regelmäßig Schritte aufeinander zu, kleine Schritte. Dadurch entsteht eine Vertrautheit, ein Raum, in dem Vertrauen geschenkt und empfangen werden kann, und durch diese Vertrautheit eine Verantwortung. Diese Verantwortung gibt der Freundschaft Kraft und Stärke. Tiefe Freundschaften knicken nicht wie ein Schilfrohr in einem Wind, tiefe Freundschaften lassen die gemeinsame Beschäftigung mit tiefen und wichtigen Dingen zu. Tiefe Freundschaften lassen uns erkennen, wer wir sind. In diesem Sinne hat Freundschaft viel mit Gastfreundschaft zu tun, mit der Fähigkeit, dem Freund Heimat zu geben. Das kann heilend sein. Freundschaften sind heilend. Wenn wir nach einem anstrengenden Tag zu Freunden kommen, so kann es uns geschehen, dass wir an diesem Abend zu uns kommen, uns wieder finden, die wir uns im Trubel des Tages fast verloren hatten. Ein Gast soll sich zu Hause fühlen. Man könnte auch so sagen: Ein Freund lässt den anderen in sein Herz, in sein Inneres, in sein Daheim – und wird durch diesen Besuch verändert und geprägt. Tiefe Freundschaften prägen uns. Wenn du Tiefes über einen Menschen wissen willst, frag ihn nach seinen Freunden.

Freundschaft heißt: sich über den anderen freuen; Lebensfreude durch den anderen zu gewinnen; sich am Leben des anderen zu freuen und daraus Kraft für das eigene Leben zu gewinnen. Frucht der Freundschaft ist die Freude. Ohne Freundschaft kann man nicht glücklich sein. Eine Einsicht, die wir bereits bei Aristoteles finden. Geglücktes Leben ist nicht ein Leben, das man alleine führen kann. Glück ist nicht etwas, das weniger wird dadurch, dass man es teilt. Im Gegenteil: Glück wird durch Teilen mehr, ähnlich wie die Freundschaft – oder noch deutlicher: Glück und Freundschaft entstehen erst durch das Teilen. In einer Freundschaft wird schlicht „Leben" geteilt. Das kann sich dann im Teilen von Raum und Zeit, im Teilen von Büchern und Mahlzeiten, im Teilen von Theaterkarten oder Vermögen zeigen, stets geht es jedoch um das Leben. Freundschaft zeichnet sich dadurch aus, dass man einen gemeinsamen Blick auf das Leben wirft. Freundschaft heißt nicht, dass man sich ständig in die Augen sieht, sondern Freundschaft heißt, dass man in dieselbe Richtung blickt; dass man sich um eine gemeinsame Mitte sammelt, dass man sich um ein gemeinsames Gut findet, dass man gemeinsame Bindungen eingeht. Freunde erkennen Ähnliches als wichtig und bedeutungsvoll an, teilen Konturen einer Einstellung in Bezug auf das Leben als Ganzes.

9. Gemeinschaft und Menschlichkeit

„Erinnerst du dich noch, wie Magdalena ihren ersten Zahn verloren hat, wie Jonathan mitten in der Nacht ins Krankenhaus musste und wir alle Kinder ins Auto packten, wie Gabriel das schöne Thermometer zerschlagen hat?" „Weißt du noch, wie unsere Kinder an dieser Stelle das Fahrradfahren gelernt haben, wie hier die erste Geburtstagsparty stattgefunden hat, wie hier die Wasserpistolen zum Einsatz kamen?" Jede Familie kann auf eine unüberblickbare Zahl von solchen Erinnerungen zurückgreifen. Wenn ein Ehepaar die Scheidung überlegt, möge es sich vor Augen führen, was hier alles gewachsen und entstanden ist, sich entwickelt hat und aufgebaut wurde, mit jedem Tag, mit jeder Erinnerung, mit jedem geteilten Erlebnis. Und dieses dichte Geflecht von Erinnerungen gibt Halt und Geborgenheit.

Ein Leben glückt nicht als gleichsam selbstsüchtiges Unternehmen in Isolation, sondern wirkt aus einer Gemeinschaft und in eine Gemeinschaft hinein. Eine Familie soll einen geschützten Raum zur Verfügung stellen, einen Raum, in dem Kinder erproben können, wer sie sind und wer sie sein sollen. Dieser Raum soll deswegen geschützt sein, weil Kinder selbstverständliche Mitglieder der Familie sind und nicht erst eine Daseinsberechtigung erwerben müssen oder über bloß vorübergehende Zugehörigkeit verfügen würden. Ein solcher geschützter Raum ist ein guter Nährboden für die Suche nach einem geglückten Leben.

Eine gute Familie ist eine solche, die die Suche nach dem geglückten Leben ermöglicht und mitträgt. Eine gute Gesellschaft ist eine solche, in der Menschen dazu ermutigt und ermächtigt werden, ein geglücktes Leben zu haben. Eine gute Gesellschaft erweist sich als solidarisch. Solidarität ist nicht selbstverständlich. Warum soll ich mich solidarisch zeigen mit Menschen, die ich noch nie gesehen habe, denen ich voraussichtlich nie begegnen werde? Es bedarf bestimmter Einstellungen und Einsichten, um eine Kultur von Solidarität leben zu können. Da ist zunächst die *Dankbarkeit*. Wenn ich nicht dankbar für das sein kann, was mein Leben lebenswert macht, werde ich mir schwer tun, einen Geist der Solidarität zu entwickeln. Dankbarkeit schließt die Einsicht ein, dass etwas geschenkt wurde, zugefallen ist – in einer Weise, die über die eigene Kraft und das, was wir mit ihr schaffen können, hinausgeht. Damit hängt die Einsicht in unsere *Verletzlichkeit* zusammen. Unsere Kraft ist beschränkt, unsere Welt angreifbar, unsere Identität kann verwundet werden. In Zeiten des Terrors wird uns diese Verwundbarkeit menschlicher Lebenswelt immer wieder vor Augen geführt. Zeiten des Terrors drängen uns auch eine dritte Einsicht auf, die für Solidarität notwendig ist – die Einsicht, dass unser Leben in einem *größeren Horizont* steht, dass wir abhängig sind von Menschen und Strukturen um uns herum. Dieses Anerkennen, dass wir Kontexten angehören, die über uns hinausgehen, bringt eine Weite in unser Leben und damit auch eine Verantwortlichkeit. Es ist ein Zeichen von Borniertheit, in einer kleinen Welt zu leben, in der man sich selbst zum Zentrum macht. In diesem Sinne hat Solidarität auch mit der Überwindung von Dummheit, von Enge und Engstirnigkeit zu tun. Solidarität hat damit zu tun, dass man über sich hinauswächst, dass die Grenzen des Ich und die Grenzen der eigenen Welt hinausgeschoben werden. Solidarität bedeutet damit auch Wachstum und Veränderung und widerspricht einem Leben, das „hineingekrümmt ist in sich selbst", wie eine berühmte Formulierung lautet.

Jemand, der hineingekrümmt ist, ist in sich selbst, wird dem Anruf des Lebens nicht gerecht. Ein geglücktes Leben wird nicht in Isolation geführt; die Suche nach einem geglückten Leben ist alles andere als ein Wettkampf, bei dem es Sieger nur auf Kosten von Verlierern gibt. Das geglückte Leben ist ein Gemeinschaftsgut, ein Kulturgut. Hans-Georg Gadamer hat an einer Stelle geschrieben, dass Kultur das ist, was mehr wird dadurch, dass es geteilt wird. Manche Güter werden durch Teilen weniger, etwa ein Geburtstagskuchen; jedes heruntergeschnittene Stück dezimiert den Kuchen. Die Freude an diesem Kuchen wird allerdings größer, wenn der Kuchen geteilt wird. Ähnlich verhält es sich mit Kultur: Shakespeares *Hamlet* ist ein Kulturgut, das mehr wird dadurch, dass es geteilt, immer wieder aufgeführt, verbreitet wird. In diesem Sinne könnten wir zwischen kooperativen Gütern (werden mehr durch Teilen) und kompetitiven Gütern (werden durch Teilen dezimiert) unterscheiden und entsprechend zwischen kooperativen Tugenden (Tugenden, die zur Schaffung, Mehrung, Wahrung kooperativer Güter führen) und kompetitiven Tugenden unterscheiden. Ich würde vorschlagen, das geglückte Leben in Begriffen von kooperativen Tugenden und kooperativen Einstellungen zu begreifen.

Eine Gesellschaft, in der kooperative Tugenden und kooperative Einstellungen gepflegt werden, möchte ich „menschlich" nennen. Was ist Menschlichkeit? Wenn eine Lehrerin einem Schüler nochmals eine Chance gibt, ein Auge zudrückt und den Schüler aufsteigen lässt – so kann das menschlich sein. Wenn ein Schaffner einer abgehetzten Frau, die in strömendem Regen eben noch den Zug erwischt hat, die Zusatzgebühr für das Lösen einer Fahrkarte im Zug erlässt, so könnte man das „menschlich" nennen. Wenn im Altersheim der Geburtstag jedes Bewohners und jeder Bewohnerin gefeiert wird, so ist das ein Zeichen einer „menschlichen Institution".

Menschlichkeit hat mit Achtung vor dem einzelnen und besonderen Menschen zu tun. Menschlichkeit anerkennt den Vorrang des Menschen vor der Regel. Das Wort „menschlich" selbst ist doppeldeutig und meint einerseits „das, was dem Menschen eigentümlich ist", „was zum Menschen gehört", und andererseits eine Form der Menschen-Freundlichkeit und der menschlichen Wärme. Diese beiden Aspekte gehören wohl zusammen, denn den Menschen gerecht zu werden heißt doch wohl, Menschenfreundlichkeit zu zeigen. Wollen wir nicht alle in einer menschlichen Gesellschaft leben, in einer Kultur von Menschlichkeit?

Die Menschlichkeit einer Gesellschaft zeigt sich. Sie zeigt sich daran, wie diese Gemeinschaft mit ihren äußeren Grenzen umgeht, also mit denjenigen, die nicht Mitglied der Gemeinschaft sind. Gastfreundschaft und die damit verbundene Durchlässigkeit sind Zeichen einer menschlichen Gesellschaft, die damit nicht auf Angst, etwa Angst vor dem Fremden, gebaut ist. Die Menschlichkeit einer Gesellschaft zeigt sich in Räumen und Zeiten für Freundschaft. In einer menschlichen Gesellschaft können Freundschaften gepflegt werden. Ist die Lebensform so strukturiert, dass Räume und Zeiten für die Bildung und Pflege von Freundschaften gegeben sind? Eine Gesellschaft, in der kein Raum für Intimität und keine Zeit für Privatheit besteht, ist unmenschlich. Die Menschlichkeit einer Gesellschaft zeigt sich in menschenfreundlichen Institutionen, die den Primat des einzelnen Menschen vor der allgemeinen Regel anerkennen. Die Menschlichkeit einer Gesellschaft zeigt sich in der Art, wie mit Regelbrechern umgegangen wird, etwa mit verurteilten Schwerverbrechern. Die Menschlichkeit einer Gesellschaft zeigt sich schließlich in der Weise, wie diese Gesellschaft ihre schwächsten Mitglieder behandelt, die Kranken und die Sterbenden, die Kinder und die Menschen mit schweren geistigen Behinderungen. Die Menschlichkeit einer Gesellschaft zeigt sich schließlich darin, wie viel Freiraum Menschen auf der Suche nach einem geglückten Leben eingeräumt wird, ob eine Vielfalt von Lebensentwürfen zugelassen und unterstützt wird.

Diese „Indikatoren für Menschlichkeit" kann man wohl auch auf eine Familie übertragen. Ich habe nicht den Ehrgeiz, dass mir meine Kinder später fehlerlose Erziehungsaufführung bescheinigen. Ich wünsche mir aber, dass meine Kinder unsere Familie als Ort der Menschlichkeit erfahren können.

Ein erfülltes Leben

10. Leiden

„Nicht nur ein tätiges Leben hat Sinn ... sondern auch noch das Leben behält seinen Sinn, das – wie etwa im Konzentrationslager – kaum eine Chance bietet, schöpferisch oder erlebend Werte zu verwirklichen", schreibt Viktor Frankl in seinen berühmten Erinnerungen an seine Jahre im Konzentrationslager. Diese Einsicht ist keine „billige Einsicht" eines Schreibtischdenkers, der zwischen Mittagessen und Kaffeepause seine Gedanken niederschreibt (so wie ich zugegebenermaßen an diesem Buch schreibe). Diese Einsicht Viktor Frankls ist erlitten, sozusagen durch viele Leiden errungen worden. Das gibt dieser Einsicht Tiefe, Glaubwürdigkeit und Autorität. „Billige Einsichten" über Wege und Ziele sind Einsichten von Menschen, die den Weg nicht gegangen sind, das Ziel nicht selbst erreicht haben. Der evangelische Theologe Dietrich Bonhoeffer hatte in den 1930er-Jahren vor der „billigen Gnade" gewarnt, vor einer Rede von göttlicher Gnade, die den Menschen weismachen wolle, dass die Nachfolge Christi keinen Preis habe. Ähnlich verhält es sich mit billigen Einsichten, die wie ungedeckte Schecks verteilt werden, nicht gedeckt sind durch eigene Erfahrung und eigenes Erleiden. Leiden ist gewissermaßen auch ein Lackmustest für ethische Überlegungen, für ein Nachdenken über geglücktes Leben; wir könnten uns fragen: Würdest du diese Überlegungen auch gegenüber einem kranken und leidenden Menschen aufrechterhalten oder würden dir dann deine Einsichten auf einmal „billig" und „schal" erscheinen?

Das Leiden ist eine Realität, eine in vielen Fällen tragische Realität. Wir kennen tragisches Leiden, in dem wir keine Schuld und keine Hoffnung orten können: Das Unvermeidliche und Unentrinnbare, sie machen das Tragische aus. Mein Vater, der viele Jahre als Rechtsanwalt gearbeitet hatte, wurde durch einen Schlaganfall um sein Sprachvermögen gebracht. Das ist tragisch. Und doch kann sich in diesen Situationen menschliche Größe offenbaren, nicht in der brillanten Gerichtsrhetorik, sondern in der Geduld und der Bereitschaft, jeden Tag mutig zu leben. Pedro Arrupe wurde durch einen Schlaganfall mitten aus dem aktiven Leben eines Generaloberen über mehr als 25.000 Jesuiten gerissen und war danach ein Pflegefall. Das ist tragisch. Und doch tragen gerade die zehn Jahre, in denen Pedro Arrupe auf der Krankenstation zubrachte, entscheidend zu seiner menschlichen Größe bei, dazu, dass wir alles, was er vorher über Leiden und Leben gesagt und geschrieben hat, ernster nehmen und tiefer annehmen können. Menschliche Größe im Leid zeigt sich gerade darin, nicht „zurückgekrümmt in sich selbst" zu sein im Leid und in der Krankheit. Menschliche Größe zeigt sich darin, über das eigene Leid hinwegsehen und auf andere Menschen zugehen, sich für sie interessieren zu können.

Leiden ist eine Realität, die unserem Leben Tiefe geben kann. Das ist keine Verteidigung des Leidens, aber doch der Hinweis, dass eine Welt, aus der alles Leid getilgt wäre, einer Tiefendimension entbehren würde. Das kann man an Huxleys Roman *Schöne Neue Welt*, der eine schmerzfreie und leidensunfähige Gesellschaft beschreibt, nachvollziehen. Es ist Zeichen eines unreifen Menschen, Leiden um jeden Preis vermeiden zu wollen. Die Tiefe, die aus dem Leiden kommt, erlebte Viktor Frankl in den Nachkriegsjahren. Diese Tiefe hat auch Claude-Marie, eine französische Missionarin, die im Kampf gegen das Apartheidregime in Südafrika gefoltert wurde, vermitteln können. In ihren Kursen über Versöhnung und Vergebung kann Claude-Marie erlittene, „teure" Einsichten weitergeben, die sorgsam beachtet werden. Leiden als Realität ist Teil eines erfüllten Lebens, ist doch ein erfülltes Leben ein Leben, das sich einsetzt für etwas, für das zu kämpfen sich lohnt. Ein südafrikanischer Autor hat in einem Roman einen Menschen nach dessen Tod fragen lassen: Wo sind deine Wunden? Hat es denn nichts gegeben, wofür es sich zu kämpfen lohnte? Ein erfülltes Leben kennt auch deswegen das Leiden, weil es ein liebendes Leben ist, ein Leben, das durch die Liebe zu Menschen verletzbar wird. Eltern leiden bekanntlich mit ihren Kindern mit, der Schmerz der Kinder ist auch der Schmerz der Eltern.

Ich werde nie vergessen, wie unser Sohn Gabriel uns mit seinen Atemstillständen im Kleinkindalter in Angst und Schrecken versetzt hat. Ich habe immer noch das Bild des einundhalbjährigen Buben vor mir, der als lebloser kleiner Körper an der Schulter seiner panischen Mutter hängt. Wir dachten, wir würden unseren Gabriel verlieren, hier und jetzt und unvermittelt. Die Schreckenssekunden mit Gabriel führten uns vor Augen, wie zerbrechlich unser Leben ist, dass sich das Leben von einem Augenblick zum anderen schlagartig verwandeln kann. Das Lebensgefühl, die Stimmung des In-der-Welt-Seins kann sich plötzlich verändern. Der „Geschmack der Dinge", der „Geschmack an der Welt" wird anders. Leiden birgt die Gefahr, dass man den Geschmack am Leben verliert, dass alles schal schmeckt, dass sich eine unsichtbare Wand zwischen dich und die Welt schiebt. Hier werden Seelenkraft und innere Stärke gefordert, Widerstand zu leisten gegen Verbitterung und Rückzug ins eigene Elend. Leiden hat gerade deswegen viel mit geglücktem Leben zu tun, weil es Eintrittsstelle für Zeugnisse menschlicher Größe sein kann.

So können wir vielleicht auch von „geglücktem Leiden" sprechen. Es ist ein Leiden, das seine Lektion lernt. Leiden lehrt etwa Geduld. Mein Schwiegervater wurde durch mehrjährige Krankheit, die ihn arbeits- und immer stärker auch bewegungsunfähig machte, weicher, milder, geduldiger. Natürlich muss das nicht so sein, aber es scheint doch das Ziel zu sein, die Antwort auf die Aufgabe, die eine Krankheit stellt. Die Antwort auf das Leiden ist nicht das Leugnen und nicht das Ausweichen, sondern das Erdulden. „Alles, was wir wirklich in unser Leben aufnehmen, wandelt sich", schreibt die englische Schriftstellerin Katharine Mansfield in einem Brief. Petra, ein Südtiroler Mädchen, das 1986 im Alter von sechzehn Jahren nach vierjährigem Leiden an Krebs starb, antwortete auf die Frage, wann sie denn gelernt habe, mit der Krankheit zu leben: „Seitdem ich für die Krankheit gedankt habe." Erfülltes Leben ist ein Leben, das den Fluss zulassen kann, das dem Leben auch seinen Lauf lassen kann, gegen den Strom der Gesellschaft, nicht aber gegen den Strom des Lebens schwimmt. Hier geht es um Anheimgeben in der Spannung zwischen Gestalten und Zulassen.

Geduld hat mit Sanftmut zu tun, mit der gelebten Einsicht, dass Dinge ihre Zeit brauchen, dass Dinge ihren Lauf nehmen. Geduld ist eine Tugend, die Tugend auch des Ausharrens, des Nicht-gleich-Aufgebens. Der geduldige Mensch ist der Mensch, der nicht jedes Leid vermeiden will, wenn es Teil des Weges ist. Der geduldige Mensch ist fähig zu dulden, zu tragen und zu ertragen – weil er Vertrauen hat, Vertrauen in die Ordnung des Lebens. Geduld ist eine Haltung und Geduld ist eine Form des In-der-Welt-Seins. Geduld hat nichts damit zu tun, die Hände in den Schoß zu legen und zu warten. Geduld ist eine Form des Tätigseins. Geduld heißt aber auch: Warten können, warten auf den rechten Moment. Geduld ist mit der Hoffnung verbunden, mit der Hoffnung, aus der die Kraft zur Unerschütterlichkeit wächst. Geduld im Leiden hat schließlich auch damit zu tun, die Tiefe des Lebens nicht zu scheuen.

11. Tiefe und Bedeutsamkeit

„Seine Liebe zu ihr ist tief" – denken wir kurz über diesen Satz nach. Er will wohl ausdrücken, dass diese Liebe fest verankert und verwurzelt ist und nicht so ohne weiteres umgeweht oder geknickt oder erschüttert werden kann. Dieser Satz drückt eine Bereitschaft aus, die Liebe auch gegen Widerstand zu behaupten, auch in schweren Tagen und mühsamen Zeiten. Dieser Satz sagt auch etwas über Größe aus – nur eine große Liebe kann tief sein. Man kann nur viel lieben, wenn man tief liebt. Und das wiederum heißt, dass der tief liebende Mensch hinter allem Schein das Antlitz des geliebten Menschen sucht. Ein geglücktes Leben weiß um tiefe Liebe und um die Tiefe der Liebe.

Beim Schreiben dieses Buches habe ich mir manchmal die Frage gestellt, was denn einen „tiefen Gedanken" ausmache. Was ist ein tiefer Gedanke? Ist der folgende Gedanke von Blaise Pascal tief? „Die Größe des Menschen zeigt sich darin, dass er sich als elend erkennt; ein Baum erkennt sich nicht als elend", behauptet dieser. Was macht diesen Gedanken tief? Ein tiefer Gedanke, so scheint es, weist wenigstens zwei Merkmale auf: Er hat eine „Frische", hat etwas Überraschendes an sich, wenn ich mit ihm konfrontiert werde, er eröffnet etwas, was auf den ersten Blick verborgen bleibt, er sagt etwas

„Neues", „Erstes"; dann zeichnet sich ein tiefer Gedanke durch eine gewisse „Unausschöpfbarkeit" aus, er trägt Interpretation auf, lädt ein zu immer neuer Auslegung und Deutung. Ein tiefes Leben haben diese Frische und diese Unausschöpfbarkeit. Wenn wir auf das Leben von Mutter Teresa oder von Teresa von Ávila blicken, so können wir immer wieder neue Lektionen aus diesen Leben lernen. Hier findet sich eine Frische und Unausschöpfbarkeit, die diese Leben zu „fundamentalen Lebensweisen" werden lässt. Ein solcher Blick auf derlei fundamentale Lebensweisen ist wertvoll auf der Suche nach einem geglückten Leben. Welche Lebensweisen ringen mir Respekt ab, welche Beispiele geglückten Lebens möchte ich anführen?

Wir können an einem Fließband arbeiten, tagein, tagaus. Wir können jeden Tag pünktlich in die Fabrik kommen, die Last der Arbeit auf uns nehmen, die Fabrik wieder verlassen – und dabei unserem Leben Tiefe und Bedeutsamkeit verleihen. Wie? Mir fallen mehrere Möglichkeiten ein: Eine Frau, die für ihre Kinder sorgt, indem sie sich der harten Arbeit am Fließband stellt, verleiht dadurch, dass sie weiß, für wen sie diese Arbeit verrichtet, und durch ihre sorgende Haltung ihrer Arbeit eine Würde und eine Tiefe, die sie ohne diesen Hintergrund nicht hätte. Ein Ordensmann, etwa aus der Gemeinschaft der Kleinen Brüder des Charles de Foucauld, der aus Solidarität mit den Menschen, zum Zwecke des Broterwerbs und in der Nachfolge Jesu, welcher den größten Teil seines Lebens handwerklich tätig war, in der Fabrik arbeitet – gibt der Arbeit Tiefe durch den Kontext von Arbeit und Gebet, in den er die Fließbandarbeit einbettet. Eine Journalistin, die zu Recherchezwecken die Arbeit am Fließband macht, gibt ihrer Arbeit, die Gegenstand einer engagierten Reportage ist, Bedeutsamkeit.

Etwas wird dadurch bedeutsam, dass wir es in einen bestimmten Zusammenhang einbetten. Ein bedeutsames Leben muss wahrlich nicht sensationell oder auffallend sein; die herausragendste Eigenschaft ist die Einbettung meines kleinen individuellen Lebens in einen größeren Zusammenhang. Ein solches Leben wird zum Dienst, dient etwas, was über dieses Leben hinausgeht. Dadurch wird etwas Sichtbares, eine Oberfläche, zu etwas Unsichtbarem, Grundsätzlicherem in Bezug gesetzt. Ein weiser Mensch, erinnert uns der amerikanische Philosoph Robert Nozick, kennt „die tiefste Geschichte". Wer die tiefste Geschichte kennen will, gibt sich nicht mit der ersten Antwort zufrieden. Die tiefste Geschichte zu suchen heißt, nach verborgenen Schichten, Verästelungen und Wurzeln zu fragen, die Fassade und die Oberfläche zu durchdringen. Ein oberflächlicher Mensch ist ein Mensch, der sich mit dem Schein, mit der ersten Antwort zufrieden gibt und den Widerstand des Tiefergrabens, die Anstrengung des beharrlichen Bohrens scheut. Ein oberflächlicher Mensch scheut die Mühen einer Suche und bleibt deswegen bei den ersten Eindrücken, den ersten Funden, den ersten Ergebnissen stehen.

Ein Mensch, der gegen die eigene Oberflächlichkeit ankämpft, fragt nach, denkt nach. Widerstand gegen die Oberflächlichkeit ist auch ein Ringen um Fokus. Wer in die Tiefe will, kann nicht zu sehr in die Breite gehen. Ich muss wissen, wofür es sich lohnt, sich anzustrengen. Das hat auch mit Entschlacken und Entgiften zu tun. Was nimmt uns die Möglichkeit der Tiefe, weil wir uns verzetteln? Was gehört in unserem Leben mutig entsorgt? Was ist verzichtbarer Ballast auf dem Weg in die Tiefe? Die Verbindung von Tiefe des Lebens und Weisheit zeigt sich gerade in der Fähigkeit, zwischen dem Wesentlichen und dem Unwesentlichen zu unterscheiden. Tiefe hat mit Konzentration zu tun, mit einem Sammeln und Bündeln von Kräften – und auch mit dem Geheimnisvollen: Ein tiefes Leben weiß sich stets vor einem Mysterium. Darf ich noch einmal an den Satz erinnern: „Wir können es nicht verstehen. Vielleicht ist das Beste das, was wir am wenigsten verstehen."

12. Endlichkeit und Sterblichkeit

Es ist ein Segen, dass wir sterben dürfen. Ein guter Freund von mir hat auf die Frage, ob er sich vor dem Tod fürchte, gemeint: „Warum denn? Ich freue mich doch, wenn dieser ganze Zirkus ein Ende hat." Es dürfte ähnlich sein wie am Ende eines philosophischen Kongresses: Man freut sich, dass man viel gehört und diskutiert hat, man freut sich über die Kolleginnen und Kollegen, die man getroffen hat, die vielen Anregungen, die man bekommen, die Bücher, die man gekauft hat. Und man freut sich vor allem darüber, dass die Veranstaltung nun zu Ende ist. So stelle ich mir das wenigstens vor. Ich bin dankbar für das Leben, für all das Schöne und Tiefe, vielleicht auch Schwierige, das es mit sich bringt, ich freue mich (mit mehr oder weniger großer oder ehrlicher Intensität) über die Aufgaben, die mir das Leben stellt. Aber ich freue mich doch schon darauf, wenn die Reise zu einem Ende kommt, wenn die Veranstaltung ihren Ausklang findet.

Es liegt ein Segen darin, dass Dinge zu einem Ende kommen. Damit entsteht Platz für Neues, für Wachstum. Es verwundert daher nicht, dass in so manchem Zusammenhang Unendlichkeit, Unsterblichkeit als Fluch dargestellt wird. Camus' Mythos von Sisyphos steht ebenso für den Fluch dessen, das kein Ende nimmt, wie Jean-

Paul Sartres *Geschlossene Gesellschaft*. Eine geschlossene Gesellschaft, wie sie Sartre darstellen will, ist nicht nur eine Gesellschaft, aus der es keinen Ausweg gibt, es ist auch eine Gesellschaft, die nicht zu einem Ende kommt. Am deutlichsten dürfte dieser Wert der Endlichkeit in Simone de Beauvoirs Roman *Alle Menschen sind sterblich* zum Ausdruck kommen: Beauvoir beschreibt bekanntlich ein Szenario, in dem Fosca, ein italienischer Adeliger im Mittelalter, ein Unsterblichkeitselixier zu sich nimmt und als einziger Unsterblicher unter allen Sterblichen zu leben gezwungen ist. Das Resultat ist ein bestürzender Verfall von Handlungsmotivation. Anfangs setzt sich Fosca noch ein für eine bessere Welt, doch im Laufe der Jahrhunderte kommt ihm die Handlungsmotivation abhanden und er versinkt in Gleichgültigkeit. Diese Gleichgültigkeit führt zu Langeweile und innerer Leere, zu einem Lebensgefühl der *ennui*. Der Wert der Endlichkeit, so könnten wir uns überlegen, liegt gerade darin, dem Leben Wert zu geben und Unterschiede möglich zu machen. Durch die Verknappung eines Gutes wird dieses Gut besonders wertvoll. Hier kann man auch den Wert von Grenzen erkennen – der Wert einer Grenze liegt u. a. darin, dass das dadurch begrenzte Gut an Wert gewinnt. Woher soll ich die Motivation zum Handeln nehmen, wenn mir alles egal ist, wenn ich keine hohen, erstrebenswerten Ziele anerkenne, wenn ich das Leben nicht als wertvoll ansehe? Wenn wir uns vorstellen, dass wir nur mehr sechs Monate zu leben hätten, würde sich durch diese Befristung der Wert jeder Stunde und jeder Handlung nachhaltig erhöhen. Es ist Zeichen einer ernsthaften Suche nach dem geglückten Leben, wenn man das Leben als Geschenk ansehen kann, als ein Geschenk, dem man nicht gleichgültig gegenüberstehen kann. Ich möchte das sogar als eine hilfreiche ethische Übung empfehlen: Stell dir vor, du hättest nur mehr ein Jahr oder einen Monat zu leben – was würdest du tun? Die Fähigkeit, die eigenen Grenzen anzuerkennen, hat auch mit Mäßigung in Ansprüchen und Anforderungen an sich selbst zu tun. Auch in diesem Sinne gibt es einen besonderen Wert der Endlichkeit – sie fordert uns dazu heraus, Mensch zu sein, Menschlichkeit zu zeigen und menschliche Größe zu entwickeln.

In Salzburg wird jedes Jahr, seit Jahrzehnten schon, Hugo von Hofmannsthals *Jedermann* aufgeführt. Der *Jedermann* kann uns viel über das Ende des menschlichen Lebens lehren. Schließlich handelt der *Jedermann* ausdrücklich von der „Vergänglichkeit und Hinfälligkeit unserer Tage und Werke". Das gibt zu denken. Vergänglichkeit, das heißt, dass man etwas nicht halten kann, dass Tage und Werke vorüberziehen, einmal sind und zu einem späteren Zeitpunkt nicht mehr sind. Vergänglichkeit eines Tages bedeutet, dass sich ein Tag, wenn er zu Ende geht, einreiht in die Kette der Tage, die hinter uns liegen, auf die wir nur mehr über Spuren und Erinnerungen Zugriff haben. Das Vergangene ist in diesem Sinne nie vollständig vergangen, es bleibt im Gedächtnis. Aber: Es kann nicht mehr ungeschehen gemacht werden. Selbst Gott, so sagt Thomas von Aquin, kann Geschehenes nicht ungeschehen machen. Das würde die Ordnung der Dinge zerstören. Der Begriff der Hinfälligkeit ist schärfer. Etwas ist hinfällig, wenn es an Gültigkeit verloren hat, wenn es nichts mehr zu sagen hat, wenn es nicht mehr beachtet werden muss, wenn es keinen Unterschied mehr macht, ob es ignoriert wird oder nicht. Der Begriff der Hinfälligkeit steht der Kategorie des Bleibenden entgegen. Die Hinfälligkeit der irdischen Tage mahnt, dass nichts Bleibendes in diesem Leben steckt, der Hinweis auf die Hinfälligkeit unserer Werke deutet an, dass wir aus eigener Kraft nichts Bleibendes schaffen können. Das sind bittere Lektionen. Der *Jedermann* erinnert uns weiters daran, dass niemand mitgehen kann durch die Pforte, die das Leben vom Tode trennt. Es ist ein Gesetz des Lebens, dass jeder und jede alleine durch diese Pforte geht. Selbst wenn wir jemanden in den Tod reißen, wir gehen diesen Weg alleine. Und doch: Die Figur des Jedermann erinnert uns auch daran, dass wir nicht alleine und nicht für uns sterben, dass das Sterben, ähnlich wie das Geborenwerden, ein soziales Ereignis ist, von Gewicht und Bedeutung für die Gemeinschaft. Der *Jedermann* führt uns drastisch das Bild vom Leben als einer Reise vor Augen. Es ist eine seltsame Reise, so heißt es, und „recht weit". Eine „seltsame" Reise, das will wohl heißen, dass wir alle unser je eigenes Leben leben; „seltsam" zu sein bedeutet, nicht glatt eingeordnet werden zu können. Und dann ist die Reise weit. Sie dauert. Sie fordert. Sie führt hinaus aus allem Bekannten, zwingt uns, das Vertraute hinter uns zu lassen – bis zu jener Schwelle, hinter der wir Vertrautes nur erhoffen können.

Wer den Blick auf das geglückte Leben richtet, wird auch der Frage nach den letzten Schritten und Schwellen unserer Lebensreise nicht ausweichen. In der Theologie gibt es eine eigene Disziplin, die sich mit „den letzten Dingen" beschäftigt, die Eschatologie. Die letzten Dinge, das sind jene Dinge, die das Leben als Ganzes in den Blick nehmen lassen, das sind jene Dinge, die dem Leben einen Wert geben können, den das Leben ohne diese Dinge nicht hätte. Die Eschatologie bohrt den Stachel der Ernsthaftigkeit in uns hinein – es könnte wahr sein! Es könnte wahr sein, dass es eine Rechenschaft vor dem Richterstuhl Gottes gibt; es könnte wahr sein, dass es einen Unterschied macht, wie wir unser Leben leben. Es könnte wahr sein, dass es „letzte Dinge" gibt, von denen wir uns keinen Begriff und kein Bild machen können und die uns alle überraschen werden.

Dinge kommen zu einem Ende, und es ist gut, dass es so ist. Es liegt auch etwas Feierliches darin, dass Dinge zu einem Ende kommen. Wenn jemand etwas zum letzten Mal tut, so bekommt dieser Akt ein besonderes Gewicht. Ein uns nahe stehender Mensch hat einen Schlaganfall und wird zu einem Menschen, welcher der Pflege bedarf. In einer solchen Situation stellen sich Fragen ein: Wann ist er das letzte Mal Auto gefahren? Wann hat er das letzte Mal ein Buch gelesen? Wann hat er das letzte Mal mit seinen Enkelkindern gespielt? „Das letzte Mal" hat ein besonderes Gewicht. Der brasilianische Theologe Leonardo Boff hat den Stummel der letzten Zigarette, die sein Vater vor seinem Tod geraucht hat, als Sakrament bezeichnet, als ein heiliges Zeichen, als Zeichen für die Gegenwart von Heiligem. Wenn wir an das definitive Ende stoßen, werden wir mit etwas erfüllt, das man „Pietät" nennt, eine Form von Scheu angesichts von Heiligem. Heilig ist das, was unzerstörbar und unberührbar ist, was sich dem manipulativen Zugriff entzieht. Beim definitiven Ende sehen wir uns mit wenigstens vier Aspekten konfrontiert: der Unwiederbringlichkeit des Geschehenen; der Gleichheit, die mit diesem Geschehen verbunden ist, da wir als Menschen alle samt und sonders einem definitiven Ende entgegengehen; der Offenheit, da wir alle nicht wissen, ob es jenseits der Schwelle, die der Tod uns setzt, ein „Weitergehen" gibt; dem Gefühl der Erhabenheit, das uns anzeigt, dass wir vor etwas stehen, das größer ist, als wir es sind.

Heuer im Mai ist mein Schwiegervater gestorben. Der letzte Besuch, die letzten Worte, die letzten Wünsche, all das bekommt nun Gewicht. All das wird Teil einer Erinnerung, die zur Aufgabe wird, zur Aufgabe, am Leben und Sterben dessen, der vorangegangen ist, zu wachsen. „Du musst die Toten lange beweinen und über ihr Dasein nachsinnen und ihre Jahrestage feiern", schreibt Antoine de Saint-Exupéry in der *Stadt in der Wüste*. Die Erinnerung ist uns aufgegeben. Beim Begräbnis meines Schwiegervaters ist mir auch deutlich geworden, was es heißt, ein Leben im Angesicht von Kindern zu leben. Aus diesem „Leben im Angesicht des Eigenen", der eigenen Kinder, entstehen ganz besondere Verpflichtungen, entsteht auch eine Form der heiligen Scheu in Bezug auf „die ersten Dinge" – das erste Wort, der erste ausgefallene Zahn, das erste Fahrrad … Leben im Angesicht von Kindern gibt dem Leben eine besondere Bedeutung. Es ist nun nicht so, dass man die Kinder als die Notengeber fürchtet, die am Ende des eigenen Lebens Gericht halten werden; es ist aber doch so, dass wir unter der Verpflichtung stehen, uns redlich zu bemühen, eine „fundamentale Lebensweise" im angesprochenen Sinn für unsere Kinder zu zeigen. Ein Leben, das in diesem Sinne fundamental werden kann, ist empfehlenswert und begründbar. Da nach alter philosophischer Einsicht über das Gelingen eines Lebens erst nach dessen Ende gesprochen werden kann, werden es unsere Kinder sein, die sich mit dem Blick auf unser Leben als abgeschlossenes Ganzes fragen können, ob es gerechtfertigt und empfohlen werden kann.

Der gute Mensch

Die Frage nach dem geglückten Leben ist immer auch die Frage nach dem guten Menschen. Der gute Mensch zeigt sich vor allem in kleinen Dingen und kleinen Gesten. Es sind in der Regel die kleinen Verkehrtheiten, die unseren Fortschritt hemmen, weil sie sich immer tiefer eingraben und wir schädliche Gewohnheiten entwickeln, die aus kleinen Gesten aufgebaut werden. Das Bemühen, ein guter Mensch zu sein, ist deswegen vor allem auch ein Bemühen, sich rechte Gewohnheiten anzueignen: die Gewohnheit eines gelungenen Tagesbeginns mit einer sorgsamen Morgenroutine beispielsweise; oder die Gewohnheit eines ruhigen Tagesausklangs mit wohlüberlegten Schritten. Die Anstrengung, ein guter Mensch zu sein, scheut die Mühe nicht, an sich zu arbeiten, Tag für Tag. Jeder Tag ist dann eine Gelegenheit zum Wachstum. Eine neue Gewohnheit kann nach drei Wochen etabliert werden. Dazu ist ein überschaubares Maß an Willenskraft vonnöten. Und diese Überschaubarkeit macht das Unternehmen „Arbeit an mir selbst" auch so aufregend.

Entscheidend scheint es zu sein, sich gegen die Angst zu entscheiden. Reinheit des Denkens und Reinheit des Lebens kann man einüben – mit vielen einfachen Schritten, bei denen jeder Tag zählt. Wenn wir diese Arbeit an uns selbst ernst nehmen, werden die einzelnen Tage nicht einfach vorüberziehen. Niemand hindert uns daran, uns Ziele zu setzen, die wir erreichen wollen, Ziele hinsichtlich unseres eigenen Wachstums. Ein Leben voll Kraft und ohne Angst zu führen – dazu verhilft eine Haltung der Dankbarkeit, eine Haltung des Vertrauens, eine Haltung der Liebe. Diese Haltungen kann man einüben. Und dann kann auf gleichsam organische Weise Menschlichkeit und menschliche Größe wachsen, jene Größe, die ein Leben der Liebe lebt, ein Leben, aus dem gutes Tun und geduldiges Leiden nahezu anmutig hervorfließen.

Neuer Mut zu alten Werten

Abtprimas Notker Wolf
Die sieben Säulen des Glücks
Tugenden zum Leben
200 Seiten | Paperback
ISBN 978-3-451-06399-2

Ein Klassiker, der seit 1.500 Jahren Weisheiten bereithält, die das meiste dessen in den Schatten stellen, was heute geraten wird: die Regel des Benedikt. Sie zeigt Überraschendes: für unsere aktuelle Situation, für unser eigenes Leben. Abtprimas Notker Wolf erzählt von seinen Erfahrungen mit den Tugenden: Tapferkeit, Gerechtigkeit, Klugheit, Maß, Glaube, Liebe, Hoffnung.

In jeder Buchhandlung

HERDER
Lesen ist Leben

www.herder.de

Das große Buch der spirituellen Lebenskunst

Anselm Grün
Das große Buch der Lebenskunst
Was den Alltag gut und einfach macht
320 Seiten | Paperback
ISBN 978-3-451-06532-3

Wer überzogene Ansprüche hat, an sich oder an andere, steht sich selbst im Weg. Wer gut zu sich selbst ist, hat es im Alltag leichter. Lebenskunst kann man lernen. Lebenslust, Leichtigkeit und die Freude daran, sich auf das Leben einzulassen, offen zu sein für das Überraschende: dazu gibt Anselm Grün Anregungen.

In jeder Buchhandlung

HERDER
Lesen ist Leben

www.herder.de

Printed in Germany
by Amazon Distribution
GmbH, Leipzig